U0600758

大学体育教学理论与方法探索

罗康荣　孙丽斐　李　磊◎著

中国出版集团　现代出版社

图书在版编目（CIP）数据

大学体育教学理论与方法探索 / 罗康荣，孙丽斐，李磊著. -- 北京 : 现代出版社，2023.12
ISBN 978-7-5231-0589-4

Ⅰ. ①大… Ⅱ. ①罗… ②孙… ③李… Ⅲ. ①体育教学－教学研究－高等学校 Ⅳ. ①G807.4

中国国家版本馆CIP数据核字(2023)第200082号

著　　者　罗康荣　孙丽斐　李　磊
责任编辑　赵海燕

出 版 人　乔先彪
出版发行　现代出版社
地　　址　北京市安定门外安华里504号
邮政编码　100011
电　　话　(010) 64267325
传　　真　(010) 64245264
网　　址　www.1980xd.com
印　　刷　北京四海锦诚印刷技术有限公司
开　　本　787mm×1092mm　1/16
印　　张　10.5
字　　数　238千字
版　　次　2023年12月第1版　2023年12月第1次印刷
书　　号　ISBN 978-7-5231-0589-4
定　　价　58.00元

版权所有，翻印必究；未经许可，不得转载

前　言

在当今高等教育领域，大学体育教学的重要性日益凸显。随着社会的发展和人们对健康的关注不断增加，大学体育教育作为培养学生身心健康的重要途径之一，发挥着至关重要的作用。大学体育教学理论与方法的探索对于提高教学效果、实施个性化教学、培养综合素质和适应社会需求具有重要意义。

基于此，本书以“大学体育教学理论与方法探索”为题，以大学体育教学概述为切入，主要介绍体育与大学体育教学、大学体育教学的目标与内容、大学体育教学的方法及优化；其次，具体讨论大学体育教学中的德育管理、心理健康教育、身体美学分析；再次，对大学体育教学中人力资源、保障资源、师资队伍、公共服务资源的管理进行介绍；然后，阐述大学体育教学模式及其选择、翻转课堂教学模式、慕课教学模式；接下来，介绍“互联网+体育”视域下的大学体育教学改革与发展、信息化视域下的大学体育教学模式改革、立德树人视域下大学体育课程思政教育发展；最后，对大学体育教学方法中的混合教学法、互动式教学法应用、创新性思维应用进行研究。

本书从多个角度切入主题，详略得当，结构布局合理、严谨，语言准确，在有限的篇幅内，做到内容系统简明、概念清晰准确、文字通顺简练，形成一个完整的、循序渐进的、便于阅读与研究的文章体系。

本书的撰写得到了许多专家学者的帮助和指导，在此表示诚挚的谢意。由于笔者水平有限，加之时间仓促，书中所涉及的内容难免有疏漏与不够严谨之处，希望各位读者多提宝贵意见，以待进一步修改，使之更加完善。

作者

2023年4月

目　录

第一章　大学体育教学概述……1
第一节　体育与大学体育教学……1
第二节　大学体育教学的目标与内容……6
第三节　大学体育教学的方法及优化……14

第二章　大学体育教学体系构建……36
第一节　大学体育教学中的德育管理……36
第二节　大学体育教学中的心理健康教育……44
第三节　大学体育教学中的身体美学分析……64

第三章　大学体育教学的资源管理……68
第一节　大学体育教学中人力资源的管理……68
第二节　大学体育教学中保障资源的管理……73
第三节　大学体育教学中师资队伍的管理……93
第四节　大学体育教学中公共服务资源的管理……111

第四章　新时期大学体育教学模式的革新与发展……119
第一节　大学体育教学模式及其选择……119
第二节　大学体育教学中的翻转课堂教学模式……127
第三节　大学体育教学中的慕课教学模式……131

第五章　多维视域下的大学体育教学的创新发展……135
第一节　“互联网＋体育”视域下的大学体育教学改革与发展……135
第二节　信息化视域下的大学体育教学模式改革……139
第三节　立德树人视域下大学体育课程思政教育发展……144

第六章　新时期大学体育教学方法的创新与实践…………………………………… 150
第一节　大学体育教学方法中的混合教学法研究 ………………………………… 150
第二节　大学体育教学方法中的互动式教学法应用研究 ………………………… 152
第三节　大学体育教学方法中的创新性思维应用研究 …………………………… 156

参考文献…………………………………………………………………………… 161

第一章　大学体育教学概述

第一节　体育与大学体育教学

一、体育

（一）体育的类型划分

1. 学校体育

学校体育是在各所学校开展的有目的的体育教育活动，旨在提高学生身体素质，教授体育知识、技能等，同时也可以培养学生的意志品质。学校体育是体育的一部分，也是教育的一部分。我国体育事业的发展离不开学校体育。学校体育教育的主要目的是锻炼学生的身体、增强体质，培养学生的意志品质以及终身体育的思想。学校体育由体育课、课外体育活动、体育训练和课外比赛竞技四个部分组成。

2. 竞技体育

竞技体育可以最大限度地激发人们的潜能，使人们的体格、体能、心理、运动技能等能力得到锻炼。人们为了在比赛中获得好成绩，会进行一系列科学训练和比赛，这些都属于竞技体育的一部分。竞技体育是文化领域中特殊部分之一，在体育领域中占有最高地位，也是世界体育文化的主体，在大众文化中也具有很高的地位。竞技体育将人体的能力发挥到极限，观赏性和感染力较强。同时，竞技体育也可以凝聚、团结民族力量，振奋民族精神。

3. 社会体育

社会体育主要是人民群众为了锻炼身体、进行康复训练、休闲娱乐等而进行的体育活动，它的形式多样，受众广泛。社会体育主要群体是人民群众，涉及社会生活的各个领域，包含的内容也十分多样，比如娱乐体育、休闲体育、养生体育、医疗体育等。当今社会，人们不断提高对自身发展的重视程度，对自身知识水平和身体素质要求也更高。身体素质主要是围绕身体健康、体形、精神状态和自身气质等，人们会选择进行社会体育和学校体育活动来提高身体素质。

（二）体育的功能体现

1. 健身功能

体育是以身体的直接参与来表现的，这是体育最本质的特点，它决定了体育的健身功能。

（1）改善大脑供血和供氧，提高中枢神经系统的适应能力，能够使人心情愉悦，有效调节社会、生活和工作的压力。这种改善可以促进大脑功能的提升，增强人们在应对压力和挑战时的应变能力。

（2）促进人体的生长发育，加速新陈代谢过程。这种促进作用有助于儿童和青少年的身体发育，帮助维持健康的骨骼和肌肉系统，并加速身体代谢过程，提高能量利用效率。

（3）对人体内脏器官结构的改善有积极的作用。运动可以增强心脏、肺部等重要器官的功能，促进血液循环和氧气输送，从而改善器官的健康状态。

（4）提高肌肉的工作能力。经常进行适度的运动可以增加肌肉的力量和耐力，改善肌肉的工作效率，提高身体的整体机能。

（5）提高人体的免疫力、抗疾病能力和心理承受能力。运动可以增强免疫系统的功能，增加抗病能力，减少患病的风险。同时，它也有助于释放压力，提高心理健康，增强人们对抑郁和焦虑等心理问题的抵抗能力。

（6）提高对自然环境和社会环境的适应能力，预防疾病，延缓衰老。通过参与户外运动和社交活动，人们可以更好地适应不同的环境，增强身体的适应性，预防慢性疾病的发生，并减缓身体的衰老过程。

2. 娱乐功能

体育运动既可以帮助人们提高身体素质，也可以获得精神上的愉悦，陶冶情操。人们可以在运动中暂时放下繁忙的工作，让身心获得暂时的休息。实现体育娱乐功能的主要途径是参观和参与。体育运动具有极高的观赏性，尤其是高水平的竞技体育活动，能够展现出力量与速度的完美结合，让观众欣赏到人体力量和运动之美。

另外，体育活动可以让参与者彼此相互配合，在与他人的竞技中获得不一样的身心体验，娱乐自身和提高个人技能。通过与他人一起参与体育运动，人们可以培养团队合作精神、互相支持和信任的能力。这种合作与竞争的融合使体育活动成为一种社交娱乐方式，

不仅促进了人际关系的建立和加强，还为人们提供了一个展示个人才华和技能的平台。

3. 教育功能

体育是教育中不可或缺的一部分，它的教育功能是其最基本的作用。参与各种体育活动的人们同时也在接受教育，无论是在学校、俱乐部、训练场还是其他场所进行锻炼，都有教师、教练和同伴进行指导和教育。特别是对于处于身体生长发育阶段、世界观和价值观形成时期的学生来说，参与体育运动不仅可以提高身体素质、增强体质，还可以让他们接受意志品质、思想道德规范等方面的教育。

此外，体育具有群体性、国际性、礼仪性和竞技性等特点，可以传递特定的价值观。同时，体育还能激发人们对国家的热爱，增强民族凝聚力，教育人们积极健康地发展。无论是观看体育比赛还是参与体育活动，人们都会受到社会的影响，接受社会教育。

4. 政治功能

体育和政治客观上相互关联，不论是哪个国家，体育都服务于政治，体育也是政治的反映。

国际体育比赛可以展示一个国家的实力。通过观察一个国家在竞技体育方面的水平，可以了解该国在政治、经济、文化等领域的发展状况。因此，体育竞赛在某种程度上可以视为和平时期的战争。在竞技比赛中取得胜利可以增强人们的民族自豪感，并提升国家在国际舞台上的地位。此外，体育还有助于促进不同国家之间的文化交流和外交服务。国际比赛通过连接不同国家，促进交流、合作和友好互动。

5. 经济功能

经济发展为国家发展提供物质保障，体育的发展也离不开经济的支持。一个国家的体育运动发展情况，通常可以反映出这个国家经济发展水平。经济发展促进体育发展，体育运动的发展又可以推动经济进步。如今，体育作为第三产业，在经济中的地位日益提升，与商品经济联系日益紧密。

体育运动主要从两个方面获得经济收益：①大型运动会。通过售卖门票、印发纪念币、邮票、体育彩票等获得收益。②日常体育活动。利用体育设施，组织热门体育项目比赛，开展娱乐体育活动，售卖体育服装、体育设施；同时通过组织旅游活动、提供体育咨询等来获得经济收益。

6. 社会化功能

人的社会化就是个体社会化，是人从生物的人变为社会的人的过程。而在这一转变过程中，体育运动发挥着重要作用。人们学会的基本生活技能都是通过体育运动获得的。人们在进行体育运动时，必须遵守体育规则，通常由教师或教练告知规则并进行监督，这一过程就是让人们养成遵守社会规则的行为习惯。

体育运动具有社会性。在体育运动中，人们相互交流，彼此默契配合，可以促进人际交往，提高沟通能力。为了促进人类社会健康发展，就要在社会各类人群中普及健康和体育运动相关知识，使青少年、中年、老年等不同年龄段的人都能获得体育知识，并进行健康的体育活动，培养健康的生活方式。在促进个体社会化方面，体育已经深入社会生活的方方面面，发挥着重要的作用。

二、大学体育教学

“体育是学校教育的重要组成部分，而大学体育又是学校体育的最后阶段，是连接学校体育与社会体育的桥梁。大学体育阶段是学生树立终身体育思想、形成终身体育锻炼能力的关键时期。大学体育教学的成功与否，直接影响到教育对象参与体育锻炼的动机和终身体育思想的正确树立。”①

在整个教育过程中，体育具有不可替代的地位。作为学校教育的重要组成部分，体育拥有自身独特的属性和功能，对促进学生全面发展起着重要的作用。大学体育被归类为教育学和体育学的学科层次，因此体育和教育具有相似的特性。学校教育构成的一部分是高校体育，因此两者的目标是一致的。

同时，大学体育也是体育的一部分。因此，大学体育应该全面展现体育的属性。通过基本的身体运动和练习，可以增强学生的身体素质，提高身体机能，促进身心发展。通过科学的培育方式，使学生的身体机能得到提升，同时在开发心理和生物潜能的过程中，培养德、智、体、美、劳全面发展，实现身心健康。这是大学体育的目标，也是教学发展的总目标。

（一）大学体育教学的基本任务

我国大学体育要实现的目标既要依照体育功能、大学生所处的年龄段，还要依照我国教育事业和现代社会的发展需要，其目标是让大学生具备健康体育的意识，提高体育技能，自觉坚持体育锻炼，增强自身体质。让大学生有正确的体育观念、良好的行为习惯和思想品格，全面发展德、智、体、美、劳，为发展社会主义事业打下良好的基础。

1. 增强体质，促进学生身心健康发展

大学体育的首要任务——增强体质、促进学生身心健康发展，既反映了体育具备的最本质功能，也符合当前我国大学生身心健康发展和社会主义建设的需要。大学生基本都处

① 陈接华 . 大学体育教学之我见 [J]. 教育与职业，2006（8）：120.

在最具生命活力的青年期，特别注重身心的健康发展，可以在这一时期督促大学生对体育健康的学习，让大学生养成良好的生活习惯，身体健康和心理健康两手抓，鼓励大学生参加各种各样的文化活动，坚持锻炼身体，保证大学生的内脏功能和身体发育良好，增强体质，让锻炼更有效果，增加身体抵抗力，具备快速适应环境和参与各种活动的能力。

2. 坚持锻炼，学习体育健康知识并掌握相关技能

为保证大学生具备正确的体育意识，充分了解体育健康知识，激发出大学生参与体育锻炼的热情，保证身体健康，就需要大学生不断学习有关体育和健康方面的知识，要科学地参与运动项目的锻炼，熟练掌握其技术，并养成坚持锻炼身体的好习惯。这些可以很好地满足大学生以及当代人身体健康的需要。

3. 培养良好思想品德、意志，促进学生个性完善发展

育“体”和育“心”在大学体育中同样重要。体育本身具备的特征为大学体育提供了多种多样的形式，但要在筹备体育竞赛、开展运动训练活动、安排体育课程等过程中时刻关注对大学生思想和意志方面的学习。鼓励大学生积极锻炼身体，早日投身于建设社会主义现代化中；培养大学生具备奋发图强、敢于拼搏、吃苦耐劳、团结友爱的优秀品格；鼓励大学生积极养成健康的行为，具备发现美、表达美、热爱美的能力，让大学生实现更高、更好的追求，全面提高大学生在个性方面的发展。

4. 提高运动技术水平，为国家培养体育人才

大学积极推动群众性体育活动的同时，也应着重培养一些具备专项运动才能、体育运动突出的大学生，科学合理地为他们安排训练活动，让大学生充分发挥体能和智能的长处。要始终遵循体育运动的规则，为大学生灌输正确的竞技教育知识，展开科学、系统的训练，让大学生的运动水平得到极大提高。这样不仅可以丰富大学生的课余生活，也有利于开展各类群众体育活动，还可以增加国家竞技运动人才的储备量。

（二）大学体育教学的工作内容

1. 体育课程教学

体育课程教学是大学体育中的重要组成部分，是实现我国大学体育的目的与任务的主要途径之一。教育部把体育课改为体育与健康课，这为体育课教学工作的正常开展提供了强有力的法规保证。

通过开设体育与健康理论课、体育实践课和体育保健课，向大学生传授体育基础理论知识，提高大学生对体育的认识，树立终身体育的观念，学习科学锻炼身体的方法，掌握

锻炼身体的基本技术，提高大学生的体育文化素养和体育欣赏水平。

2. 课外体育活动

课外体育活动作为大学体育教育的重要组成部分，在大学体育教育中发挥着重要作用。课外体育活动能够增强大学生的体质，保障大学生的身体健康。大学生可根据自身身体状况、个人喜好并结合自身的职业发展需要，选择适合自己的课外体育活动项目，制订科学合理的锻炼计划，从而促进身心健康发展。

（1）群众性体育竞赛。作为大学体育教育的另一重要形式，群众性体育竞赛一般包括校内和校外两种竞赛方式。前者通常是指校内举办的以班级、年级、院系等为单位的比赛项目，如友谊赛、达标运动会等；后者通常是指派校队运动员代表学校参加的校外体育比赛。不管是哪种方式都突出了群众性体育竞赛广泛性和多样性特点。

（2）野外活动。在自然环境中开展的各种活动都称为野外活动。例如，人们常见的水上运动、冰雪运动、空中运动等，这些从活动环境上来看都属于野外活动。此外，人们经常提到的竞技类、健身类活动等也属于野外活动。各种各样的野外活动在陶冶大学生情操、提升大学生身体素质等方面起到了重要作用，这种作用是一般体育运动所不能替代的。目前，野外活动在发达国家体育教育领域已非常流行，在我国也值得借鉴和引用。

第二节　大学体育教学的目标与内容

一、大学体育教学的目标

（一）大学体育教学目标的外部特征

1. 大学体育教学目标的层次

大学体育教学目标是有层次结构的，而且不同的层次结构在功能方面是有一定差异的。此外，大学体育教学目标的层次结构又有横向与纵向之分。

（1）大学体育教学目标的横向层次，从实质上来说反映了各种具体的目标之间的关系。具体来看，大学体育教学目标从横向角度大致可以分为知识目标、体能目标、技能目标和情意目标。这四个方面的目标是相互独立又有一定联系的，对于大学体育教学目标的实现发挥着重要的制约作用。

（2）大学体育教学目标的纵向层次，从实质上来说反映了大学体育教学目标的上下

层次关系。具体来看，大学体育教学目标从纵向角度来说大致可以分为课程教学目标、水平教学目标、学年教学目标、单元教学目标、课时教学目标等。

2. 大学体育教学目标的着眼点

大学体育教学的目标都是围绕着需要解决的问题来制定的。只有切实明确了教学目标的着眼点，才能制定出更具针对性和可操作性的教学目标。因此，在制定大学体育教学目标时，必须明确需要解决的教学问题。下面将详细探讨这一问题。

（1）大学体育教学目标的制定需要考虑学生的实际需求。体育教育不仅仅是为了培养学生的身体素质，更重要的是培养学生的身心健康和综合素质。因此，大学体育教学目标应该关注学生的健康问题，如如何提高学生的体质、增强学生的体能和耐力等。同时，还应关注学生的技能培养，包括各种体育项目的技术要求和技能训练。只有明确了这些问题，才能制定出符合学生需求的教学目标。

（2）大学体育教学目标的制定还需要考虑教学环境和条件。不同的学校和地区可能存在不同的教学资源和条件，因此制定教学目标时需要充分考虑这些因素。例如，一些学校可能具备完善的体育设施和器材，可以进行更高水平的体育训练和比赛；而另一些学校可能条件有限，只能进行基础的体育教学活动。因此，制定教学目标时需要根据实际情况来确定，确保目标的可行性和实施性。

（3）大学体育教学目标的制定需要考虑社会需求和发展趋势。随着社会的不断进步和发展，体育在人们生活中的地位越来越重要。大学体育教育应该与社会需求和发展趋势相结合，培养学生具备适应社会需要的体育素养和综合能力。这包括培养学生的团队合作精神、领导能力、创新精神等。只有紧密结合社会需求，制定出符合时代要求的教学目标，才能更好地满足社会的需求。

（二）大学体育教学目标的内部要素

“大学体育在专业课程学习之外极大地丰富了大学生的运动知识，提高了他们的身体素质，是关系到大学生身心健康的重要途径。”[①]大学体育教学目标的内部要素，是指在制定和实施体育教学目标时需要考虑的内在因素。这些要素可以帮助教师更好地规划和组织教学内容，以实现学生的全面发展。

1. 体育素养

体育素养是大学体育教育的核心要素之一。它包括学生在体育活动中所具备的知识、技能、态度和价值观等方面的素养。在制定体育教学目标时，需要明确培养学生的体育素

① 华卫平 . 浅论大学体育教学现状 [J]. 佳木斯职业学院学报，2015（7）：381.

养，使他们具备扎实的体育基础知识，掌握一定的体育技能，并培养积极向上的体育态度和价值观。

（1）体育素养的培养需要注重学生的体育基础知识。学生应该了解体育运动的规则、原理和相关概念。他们需要学习不同体育项目的基本规则和技术要领，了解运动对身体的影响以及运动与健康之间的关系。通过系统的学习，学生可以建立扎实的体育基础知识，为后续的体育活动打下坚实的基础。

（2）体育素养的培养需要学生掌握一定的体育技能。学生应该通过实践和训练，逐渐掌握体育运动所需的基本动作、技巧和战术。无论是个人项目还是团体项目，学生都应该具备相应的技能水平，能够在实际运动中灵活运用。通过反复练习和指导，学生可以提高技能水平，增强自信心，并享受到运动带来的乐趣。

（3）培养积极向上的体育态度和价值观是体育素养的重要组成部分。学生应该培养热爱体育运动的态度，积极参与体育活动，并树立健康、团结、公平竞争的价值观。体育教育应该帮助学生理解体育的价值，培养良好的体育道德和精神，如团队合作、坚持不懈、尊重他人等。这些积极向上的态度和价值观将影响学生在体育运动中的表现，并对他们的个人发展产生积极的影响。

2. 身体素质

身体素质是指学生身体健康状况和身体机能的综合表现。在大学体育教学目标的内部要素中，需要关注学生身体素质的提高。这包括学生的体能水平、柔韧性、协调性、力量和耐力等方面的发展。通过合理的体育教学目标，可以帮助学生提高身体素质，增强身体机能，促进健康成长。

二、大学体育教学的内容

体育教学内容，是以有关身体运动的学习和身体运动的技能形成为主要培养目标的内容，是以运动为媒介，以大肌肉群的活动状态进行教学的内容。简言之，体育教学内容是运动实践，是通过实际练习完成教学的。正因如此，体育教学不同于其他教学，一方面它在传授体育技能的过程中锻炼了学生的学习和认知能力，另一方面在实际训练中还带动学生身体练习，使其生理机能也得到加强。学生在参加体育学习的过程中，要通过运动中的肌肉本体感觉的形成与动作的记忆，来判断自己是否真正掌握了教学内容，因此在体育教学内容中，学生的学习是要将思维和行为联系起来的。所以，体育教学内容的学习尤为强调练和做等实践行为，因而呈现出运动实践性的特征。

（一）大学体育教学内容的选择

1. 大学体育教学内容选择的依据

“伴随教育改革的不断发展，大学中的体育教学十分重要，大学体育教学直接影响学生身体素质的塑造，在一定程度上也关系到大学生教学体系的完善。在新时期下，大学生的体育教学在人才的培养中具有重要的义务和责任”[①]，大学体育教学内容选择的依据应是“学生的体育全面发展”。而在当前的历史条件下，“学生的体育全面发展”应该是以“学生终生体育锻炼的实现”为核心内容的，而“学生终生体育锻炼的实现”则主要依托于：①通过学习，学生能熟练掌握并运用1—2种运动技能，大概了解并掌握4—5种运动技能。②学生能学到一定的体育相关知识，满足其今后体育锻炼和体育欣赏的基本需求。③让学生的身体机能得到增强，满足学生身体发展的需要。④让学生在学习中体会到体育运动的作用和趣味，帮助其养成终身锻炼的意识。总之，筛选内容时，必须以学生为主体，看它是否有利于学生的“学懂”“学会”“学健”“学乐”。这不仅是体育教学效果评价的四个视角，还是选择体育教学内容的四大依据。

2. 大学体育教学内容选择的原则

（1）教学性原则。大学体育教学选择的内容应具备学习的价值，对学生的身体素质提升和精神品质培养都有积极的作用。在确定所选内容时，应确保其健康、积极向上，并能够激发学生的学习兴趣和动力。

第一，多样化的体育项目。体育教学内容应涵盖多样的体育项目，包括有氧运动、球类运动、水上运动、田径运动等，以满足不同学生的兴趣和需求。通过丰富多样的项目，学生可以选择适合自己的运动方式，从而提高身体素质和运动技能。

第二，科学的运动知识。体育教学应注重传授科学的运动知识，包括运动生理学、运动训练方法、运动安全等方面的知识。学生应该了解运动对身体的影响，学会科学地制订运动计划和锻炼方式，以提高效果并减少运动伤害的风险。

第三，强调综合素质的培养。体育教学内容应注重培养学生的综合素质，包括身体素质、心理素质和社交素质等。通过团队合作的体育活动和竞技比赛，学生可以培养合作精神、竞争意识和领导能力，提高自我管理和人际交往能力。

第四，引入创新元素。体育教学内容应引入创新元素，以激发学生的学习兴趣和动力。可以结合现代科技手段，如运动传感器、虚拟现实技术等，创造出更具吸引力和互动性的学习环境。同时，可以设计新的体育项目或运动形式，以增加学生对体育教学的兴趣

① 赵金祥．新时期大学体育教学方法探讨 [J]. 湖北函授大学学报，2016，29（12）：111.

和参与度。

第五，培养健康生活观念。体育教学应着重培养学生的健康生活观念，让他们认识到体育锻炼是维持身心健康的重要途径之一。通过课堂教学和实践活动，向学生传授健康饮食、合理作息、压力管理等方面的知识，培养他们养成良好的生活习惯。

（2）健身性原则。大学体育教学内容应该能够充分调动学生身体的大肌肉群，实现全面的身体锻炼。同时，锻炼的难度和强度也要适宜学生身体发展的需求，既不过于轻松，也不过于艰难，能够有效提高学生的身体素质。

（3）趣味性原则。大学体育教学内容应具有趣味性，能够吸引学生的注意力和参与度。通过有趣的内容和活动，学生能够在学习中体会到乐趣，更积极主动地参与其中，从而提高学习效果。

（4）文化性原则。在大学体育教学中，选择具有一定文化性的体育项目是非常重要的。这样的选择不仅能够满足学生对身体锻炼和健康知识的需求，还能够在体育教学中融入当地的民族特色或区域特色，以反映和传承本土文化。

通过选择具有文化性的体育项目，学生可以更深入地了解本地的传统文化、价值观和生活方式。这些体育项目可以是特定民族或地区独有的传统体育运动，如中国的太极拳、印度的瑜伽、非洲的击鼓舞蹈等。学生通过学习和参与这些体育项目，可以感受到世界各地文化的独特魅力，增强对自己文化的认同感和自信心。

此外，选择具有文化性的体育项目还可以促进跨文化交流和理解。大学通常有来自不同国家和地区的学生，他们有不同的文化背景和体育习惯。通过在体育教学中展示各种文化特色的体育项目，学生可以互相学习、交流和理解彼此的文化。这种跨文化交流有助于拓宽学生的视野，培养跨文化交际能力，增进世界各地学生之间的友谊。

（5）可行性原则。大学体育教学的内容应该与大学的体育教学设施、教学场地和师资力量相匹配，以确保教学的切实可行性和有效性。教师在设计教学内容时需要充分考虑实际条件和资源，并选择适合的内容，以便学生在良好的环境下进行学习和锻炼。

第一，教学内容应该与大学的体育教学设施相适应。不同大学可能拥有不同的体育设施，如体育馆、游泳池、田径场等。教师需要根据所拥有的设施，合理安排教学内容，使学生能够充分利用这些设施进行体育锻炼和技能训练。例如，如果大学有良好的篮球场地，教师可以设计篮球技术的教学内容，让学生学习篮球运球、投篮等技能。

第二，教学内容应该与大学的教学场地相匹配。除了体育设施，大学还可能有专门用于体育教学的教学场地，如体育课室、多功能室等。教师可以利用这些场地进行理论知识的讲授和实践操作的演练。例如，在体育课室中，教师可以向学生讲解运动生理学知识，让学生了解运动对身体的影响，同时进行相关的实验和测量。

第三，教学内容还需要考虑大学师资力量的配备情况。大学体育教学需要具备专业的

教师队伍，他们具有相关的教学经验和专业知识，能够有效地指导学生进行体育锻炼和技能训练。教师应根据自身的专长和能力，结合学生的需求，选择合适的教学内容和方法，以便能够充分发挥师资力量的优势，提高教学效果。

总之，教师在筛选教学内容时应当遵循教学性、健身性、趣味性、文化性和可行性这五大原则。这些原则的遵循可以保证所选内容的质量和适用性，提高学生的学习积极性和学习效果，促进他们全面发展和健康成长。

（二）大学体育教学内容的改革

新时期大学体育教学内容改革的思路，要以增加健康体育教学的内容以学生身心发展的特点以及知识和能力的水平为主要依据，来对教学内容进行有针对性的安排，使内容分布能够兼顾娱乐性和实用性，能够引起学生兴趣，最大限度地唤醒学生学习的主动性、积极性。教师需要注意教学内容必须是健康、积极的，因此，在组织内容时要充分挖掘其中蕴含的健康教学因素，为学生创造一个健康的体育教学环境。此外，健康的内容还是增强学生体质的必备条件，教师可以在组织教学内容时删去那些陈旧的、乏味的、要求过高、难度过大的项目。健康的教学内容不仅能为学生塑造健康的心理，还能让学生在参与体育锻炼的过程中增强体质，最终实现身心全面、健康发展。

体育教学内容对大学体育教学的总目标产生着不可替代的影响，现行的教学内容体系还存在着一些不足。因此，想要推进新时期大学体育教学的有效实施，就必须及时对教学内容进行改革。具体来说，可以从以下方面进行改革探索。

1. 加强硬件设施建设及管理

体育作为一项室外教学课程，在教学过程中，教学设施和教学器材是不可或缺的基础设施，它们对于体育教学内容的选择和开展起着重要的作用。为了推进体育教学内容的改革，需要加强体育教学设施的建设，为学生提供更多元化的体育项目选择。

（1）大学可以建设和管理体育运动场馆，如篮球场、游泳馆等。通过充分利用校园内的场地资源，提高场地的利用率，为学生提供良好的运动环境。这样，学生就能够在适合的场地上进行各种体育运动，充分提高身体素质和运动技能。此外，大学可以与当地社区或其他学校进行合作，共享体育场馆资源，增加场地的利用效益，提供更广泛的体育项目选择。

（2）大学可以补充新的体育器材和体育锻炼设备。随着科技的不断进步，新型的体育器材和锻炼设备不断涌现，为学生提供更多样化的体育锻炼方式和体验。例如，引入先进的健身器材、虚拟现实技术等，可以激发学生的兴趣和参与度。此外，大学还应关注设备的损耗情况，并及时进行维修和更换，确保设备的完好状态，提供良好的学习和锻炼条件。

（3）大学还可以鼓励学生参与体育社团或俱乐部，提供更多元化的体育项目选择。通过组织各类体育活动和比赛，培养学生的团队合作精神和竞技意识，激发他们的体育潜能和兴趣。同时，大学可以与专业体育教练或运动员合作，提供专业的指导和培训，帮助学生提高技能水平和竞技能力。

2. 建立体育课程理论体系

体育课程理论体系在现代体育教学中发挥着重要的作用。一般来说，大学体育教学的理论内容可以分为体育社会人文类、体育锻炼和养生保健类、体育科学原理和运动人体科学类。根据学生的身体发展需求，大学可以根据以上分类来安排体育项目和体育课时。

通过对体育内容的分类和课时安排，大学能够使学生掌握体育运动的基本知识，并了解体育运动损伤的处理方式。此外，学生还能够有意识地制订个人运动计划，以提升自身的身体素质。

在体育社会人文类的理论内容中，学生将学习与体育相关的社会和人文知识。这包括体育的历史和文化、体育在社会中的作用和意义，以及体育伦理和体育精神等。通过学习这些知识，学生能够更好地理解体育的背景和价值，培养对体育的热爱和责任感。

体育锻炼和养生保健类的理论内容将教授学生如何正确进行体育锻炼和养生保健。学生将学习不同类型的体育锻炼方法和技巧，了解体育锻炼对身体的影响，以及如何通过体育活动来保持健康和增强体质。这些知识将帮助学生选择适合自己的体育锻炼方式，并有效地进行锻炼，提高身体素质和养生水平。

体育科学原理和运动人体科学类的理论内容将向学生介绍体育科学的基本原理和运动人体科学的相关知识。学生将学习运动生理学、运动训练原理、运动心理学等方面的内容。这些知识将使学生对体育运动有更深入的理解，能够更科学地进行训练和指导，提高运动表现和竞技水平。

通过以上分类和课时安排，大学体育教学能够全面培养学生的体育素养。学生不仅能够掌握体育运动的理论知识，还能够将这些知识应用于实际的体育活动中，提升自己的身体素质和运动技能。此外，学生还能够了解体育运动的社会和文化背景，培养良好的体育道德和价值观念。通过体育课程的学习，大学生能够在健康、快乐的体育活动中成长与发展。

3. 实现体育教学目标

大学体育教学目标的实现是体育教学改革的出发点，也是教学的努力方向。大学体育教学目标以“健康第一”为指导思想，旨在全面满足学生健身、竞赛、娱乐等不同需求，促进学生的个性化发展。为适应新时期大学体育教学内容改革需要，大学体育教学目标要

能突出大学体育教学内容的基础性、全面性，具体来说，至少要包含以下内容：通过体育提高学生的心理素质和社会适应能力；提高学生的综合体育素质，为学生奠定坚实的终身体育基础，从而实现体育与生活的整合，大学体育与家庭体育、社会体育的整合，使现代学生在价值观念、身体健康、生活能力、体育能力等方面能应对社会的变迁，并与之保持同步发展；坚持“全面推进素质教学”，倡导主体化、民主化的发展方向。

4. 体现现代大学的时代特征

现代体育强调民族性、娱乐性、健身性、人文性和多元性等，时代同样赋予了大学体育教学以上特征，推动大学体育教学的内容朝着现代化方向发展，力求打造出更全面、更实用、更灵活的体育课程，体育教学在现代教育体系中的地位也在不断提升。综上，大学体育教学内容选择应当体现时代特征，符合体育学科的发展需求，构建出具有时代特征的内容体系，让大学体育教学在促进学生全面发展过程中发挥其应有的作用。

5. 注意体育教材内容的选择

教材是教学活动开展的依据，教学内容直接通过教材呈现出来。在编撰体育教学的教材时，要注意教材内容的选择。

（1）取最主要、最关键的内容，重点突出体育教学的特点，而不是追求内容的多样性。目的是确保学生能够全面发展，并提高他们的身体素质。

（2）选择那些趣味性强、能引起学生兴趣的内容。学生对于学习体育往往更加积极主动，如果能够提供有趣的体育项目，将会激发他们的学习热情。

（3）内容选择要符合时代发展需求，做到与时俱进，兼顾现代社会对体育提出的“健康、娱乐、实用”的要求。

（4）根据不同地区的特点选择内容，使教材更具区域特色。对于一些少数民族较多的地区或省份，可以适当选入当地的少数民族体育文化和传统体育项目。这样可以充分体现体育项目的民族性，同时也能让学生更好地了解和尊重其他民族的体育文化。

（5）内容选择应该坚持多元化原则，综合考虑大学、教师、学生等多个主体的条件和需求。有条件的大学可以选择武术、瑜伽、游泳、健美操等内容，以突出本校体育教学的特色。这样能够给体育教学提供更多选择余地，满足不同学生的需求，使体育教学更加多样化和灵活。

总之，体育教学教材的编撰应该精选主要内容，突出体育教学特点，同时要注重趣味性，引起学生的兴趣。教材内容要与时代需求相符，符合现代社会对体育的要求。此外，应注重区域特色和民族文化的发展，并坚持多元化原则，给体育教学提供更多选择余地。这样才能更好地促进学生的身体健康和全面发展。

6. 把时尚体育引进校园

新时期的体育项目越发丰富，如跆拳道、街舞、滑冰等相继出现在人们的视野，并受到青少年群体的广泛喜爱。这些新项目具有新颖、时尚的特点，也吸引着学生，激发着学生的学习兴趣。因此，大学可以考虑将这些内容加入体育教学，结合学生的需求和大学体育设施、教学师资，有选择性地吸收新项目，为体育课堂引入新动力。这些新项目能激发学生主动学习的意愿，使其积极参与项目学习，并能有效提升体育教学的有效性，推动体育教学项目的更新、优化。

第三节　大学体育教学的方法及优化

一、大学体育教学方法的概念与层次

（一）大学体育教学方法的概念

教学方法，是指为实现体育课程教学目标而由师生共同完成的一切教学活动和教学方式的总和。它是由一系列行为组成的一个操作系统，具体包含了教师和学生两个层面的操作体系。

1. 大学体育教学方法是“教”与“学”的统一

好的大学体育教学方法是“教”与“学”的统一体。也就是说，教师和学生之间只有通过有效互动，形成一种沟通的桥梁，才能真正发挥出大学体育教学方法的作用和价值。可以从两个层面来理解体育教学内容和相关的体育教学活动：一是教师的“教”，二是学生的“学”。教师作为教授知识的主体，其选用的教学方法和手段都是以学生为对象的，学生对于知识和技能的掌握及其理解能力的提升是教学活动开展的重要契机；对于学生而言，他们只需要紧跟教师引导的步伐，积极参与学习和互动的实践，与教师建立紧密的沟通和联系，以获得更大的进步。因此，只有将“教”与“学”切实贯穿教学的整个过程，积极促进教师与学生之间的互动与交流，才能够真正实现体育教学任务和目标。

2. 大学体育教学方法是师生动作和行为的总和

在大学体育教学中，师生之间的互动起着至关重要的作用。体育教学是一种通过语言、动作和行为相互交流的综合过程。学生要学习掌握体育运动的理论知识和运动技能，需要得到体育教师的讲解、示范和纠正等动作的支持。而学生在这些基础上进行反复练

习，则是他们在行为上对所学知识的实践。

（1）语言在体育教学中起着重要的沟通作用。体育教师通过清晰明了的语言表达，向学生介绍运动规则、技术要领、战术策略等相关理论知识。他们用言语的方式解释和阐述复杂的运动原理，帮助学生理解和掌握。同时，学生也可以通过提问和回答问题的方式与教师进行互动，进一步深化对知识的理解。

（2）动作在体育教学中具有示范和引导的作用。体育教师通过自身的动作表现和技术示范，向学生展示正确的动作要领和技巧。通过模仿和观摩教师的动作，学生能够更加直观地理解并学会正确的动作技能。同时，教师还可以通过调整学生的动作姿势和动作过程中的细节，进行实时的纠正和指导，帮助学生逐步提高动作的准确性和技术水平。

（3）行为在体育教学中是学生对所学知识的实践和运用。学生需要通过反复练习和实际操作来巩固和应用所学的理论知识和技能。他们在体育教学场地上积极参与各种体育运动和活动，通过实际操作来感受和体验不同的运动方式和战术策略。通过反复的练习，学生可以逐渐熟练掌握运动技能，并在实践中不断提高自己的身体素质和运动水平。

因此，大学体育教学方法的贯彻与实施需要师生之间的紧密互动。教师通过语言的表达，向学生传授理论知识；通过动作的示范，引导学生正确掌握动作技能；通过行为的实践，促使学生在实际运动中提升自己。而学生则通过与教师的互动和积极参与，不断学习和进步。这种师生之间的互动，促进了知识的传递和技能的培养，为学生的体育教学提供了有效的支持和保障。

总之，大学体育教学中的师生互动是语言、动作和行为的有机结合。通过教师的讲解、示范和纠正等动作的支持，学生可以掌握体育运动的理论知识和技能；而学生通过反复练习和实践，将所学知识应用于实际运动中。这种互动模式有效地促进了体育教学的有效实施，使学生在体育教育中获得全面的发展。

3. 大学体育教学方法的功能具有多样性

（1）大学体育教学通过不同的教学方法和活动形式，提供了多元化的学习体验。传统的体育教学注重基本技能的训练，如篮球、足球等项目的技术动作，以及身体的协调性和灵活性。然而，现代大学体育教学更加注重学生的个性化发展，允许学生选择自己感兴趣的项目，并提供丰富多样的运动形式，如瑜伽、游泳、健身操等，以满足不同学生的需求和兴趣。这样的多样性使得学生可以在体育教学中体验到不同的运动乐趣，激发学习的主动性和积极性。

（2）大学体育教学方法的多样性还体现在培养学生的多方面能力上。体育教学不仅仅是为了培养学生的运动技能，更重要的是通过体育活动培养学生的团队合作、领导能力、沟通能力和创新思维等综合素质。现代大学体育教学倡导以学生为中心的教学模式，注重培养学生的自主学习和问题解决能力，通过团队合作、比赛、讨论等形式，让学生在体育教学中锻炼并发展这些重要的能力。这种的多样性使得学生在体育教学中不再是被动的接受者，而是积极参与者和主体。

（3）大学体育教学方法的多样性还体现在促进学生身心健康的功能上。体育运动不仅有助于学生锻炼身体、增强体质，还可以提高学生的心理素质和抗压能力。大学生面临着课业压力和心理压力的双重挑战，体育教学为他们提供了一个缓解压力、释放情绪的平台。通过多样化的体育教学活动，学生可以享受到运动带来的快乐和放松，调节身心状态，提升学习效果和生活质量。此外，体育教学还能够教育学生养成良好的生活习惯，培养他们终身参与体育运动的意识和兴趣。

总之，大学体育教学方法的多样性可以提供多元化的学习体验、培养学生的多方面能力以及促进学生身心健康。这种的多样性使得大学体育教学更加符合现代教育理念，能够更好地满足学生的需求和期望，促进学生全面发展。

（二）大学体育教学方法的层次

1. 教学策略

教学策略是教师在进行教学时所采用的行动方案，它是多种教学方法和手段的组合。在体育教学中，教学策略的优劣主要通过单元和课程的设计思路以及方案的设计来体现。

（1）单元的设计思路对于教学策略至关重要。一个好的单元设计思路能够有效地指导教学过程，使学生能够全面地理解和掌握所学内容。在体育教学中，单元设计思路应该根据学生的年龄、兴趣、能力水平等因素来确定。

（2）课程的设计是体育教学策略的重要组成部分。在课程设计中，教师需要根据学生的学习需求和目标，合理地组织课堂内容和活动。一个好的课程设计应该注重理论与实践的结合，使学生既能够了解相关理论知识，又能够通过实践活动来巩固和应用所学内容。例如，在教授某项运动技能时，教师可以通过讲解相关理论知识，引导学生理解技术动作的要领和原理，然后再通过示范和实践活动，让学生亲自去实践和体验，从而提高他们的技能水平。

（3）方案的设计是体育教学策略的重要组成部分。在制定方案时，教师需要考虑到课堂时间的分配、活动的安排以及评估的方式等因素。合理的方案设计能够帮助教师有效地组织和管理教学活动，确保教学目标的达成。例如，教师可以将课堂时间分为不同的阶段，如热身活动、技术训练、实践活动和总结回顾等，以保证每个环节都能够得到充分的开展和安排。

2. 教学方法

在大学体育教学中，教学方法在层次系统中被归类为“中位”。与传统意义上的教学方法相比，它基本上保持了相同的基本原则和理念。教学方法可以被定义为体育教师为达到特定教学目标而采用的一系列教学手段和行为的综合体。它是通过主要的手段和方式来实施教学的行为方式。

教学方法在大学体育教学中起着至关重要的作用。它不仅仅是传授知识和技能，更是促进学生全面发展的关键。通过选择合适的教学方法，教师能够激发学生的学习兴趣，提高他们的参与度，并帮助他们更好地理解和掌握体育知识与技能。

3. 教学手段

教学手段在体育教学中发挥着至关重要的作用。它可以通过提供丰富多样的教学资源和活动来促进学生的参与和学习效果。体育教学手段的选择取决于不同的教学目标和学生的需求。它们包括但不限于教学设备、教具、教材、多媒体技术以及其他辅助教学材料。

教学手段在体育教学中的运用可以使教学内容更加生动有趣，激发学生的学习兴趣。通过引入适当的教学手段，教师能够创造出具有挑战性和互动性的学习环境，从而增强学生的参与度和积极性。例如，在教授篮球运球技巧时，教师可以使用篮球场地、篮球、传球器等教学手段，通过实践操作和模拟情境让学生更好地理解和掌握运球技巧。

此外，教学手段还可以提供反馈和评估的机会，帮助教师了解学生的学习进展并进行必要的调整。通过观察学生在使用教学手段时的表现，教师可以及时发现学生的困惑和问题，并提供针对性的指导和支持。例如，在教授游泳技能时，教师可以利用视频录像技术来记录学生的游泳动作，并与学生进行讨论，以便他们能够及时纠正错误并提高技能水平。

二、大学体育教学方法的意义

（一）促进良好体育教学氛围的营造

科学合理的体育教学方法对于学生的体育学习和参与体育活动的积极性有着显著的影响，这一点不容忽视。通过适当的科学化体育教学方法，可以激发学生对体育学习的兴趣和热情，提高他们主动参与体育活动的积极性。

首先，科学合理的体育教学方法能够使学生对体育学习产生浓厚的兴趣。通过合理设计的教学内容和教学方式，能够激发学生的好奇心和求知欲。例如，引入有趣且具有挑战性的体育项目，让学生在实践中感受到体育的乐趣和成就感。同时，采用启发式的教学方法，引导学生主动思考和探索，培养他们的创新能力和解决问题的能力。这些科学合理的教学方法能够使学生在学习体育知识和技能的过程中充满动力，更加积极主动地参与体育学习。

其次，科学合理的体育教学方法能够提高学生的学习专注度。在教学过程中，合理运用教学媒体和教学工具，如图表、模型、实物等，能够直观生动地展示体育知识和技能，提供多样化的学习资源，从而吸引学生的注意力，增强学习的效果。此外，通过设置适当的学习任务和目标，让学生明确学习的方向和目的，帮助他们建立学习的自信心，提高学习的动力和投入度。通过这些科学合理的教学方法，学生能够更加专注地参与到体育学习中，提高学习效果。

最后，良好的学习氛围对于体育教学也起着至关重要的作用。通过创造积极、和谐的学习环境，鼓励学生之间的合作与交流，促进师生之间的互动和良好的师生关系，能够激发学生的学习兴趣和主动性。在这样的学习氛围中，学生会感受到来自他人的支持和鼓励，形成学习互助的氛围，相互促进、相互学习。良好的学习氛围还能够培养学生的团队合作精神和集体荣誉感，使学生们能够更好地融入团队活动中，共同努力，共同进步。

综上所述，科学合理的体育教学方法对于提高学生对体育学习和参与体育活动的积极性有着重要的作用。通过激发学生的兴趣和热情，提高学生的学习专注度，以及创造良好的学习氛围，能够形成良性循环，共同提高体育教学的质量。因此，教师应当注重探索和运用科学合理的体育教学方法，以激发学生的学习热情和参与度，促进他们全面发展。

（二）促进学生身心素质的全面发展

合理的体育教学方法是促进学生身心健康发展的关键。任何一种体育教学方法的出现都受到科学思想或理论的影响，因此都具有一定的科学性和合理性。为了实现这一目标，体育教师需要合理运用和科学组合体育教学方法。

首先，体育教师应该根据学生的实际情况和大学的教学设施选择适合的教学方法。不同的学生具有不同的体质、兴趣和能力水平，而大学的教学设施也可能存在一定的限制。体育教师需要了解学生的特点，并合理调整教学方法，确保教学内容与学生的实际情况相适应。

其次，体育教学方法应与教学内容相匹配。不同的体育项目和技能要求不同的教学方法。例如，在教授基本动作技巧时，可以采用分解教学法，将复杂的动作分解为简单的部分进行教学，然后逐步组合。在教授战术技能时，可以采用情境教学法，通过模拟实际比赛情景来培养学生的应变能力。

再次，体育教学方法还应注重培养学生的综合能力。除了传授具体的体育技能，体育教育还应该培养学生的团队合作能力、领导才能、判断力和决策能力等综合素质。体育教师可以采用合作学习法、项目学习法等方法，通过团队合作和实践活动来培养学生的综合能力。

最后，体育教学方法的使用应持续进行评估和改进。体育教师应及时反思教学方法的效果，并根据学生的反馈和实际效果进行调整和改进。只有不断地优化和完善体育教学方法，才能更好地促进学生身心健康的发展。

综上所述，为了促进学生身心健康的发展，体育教师应合理利用和科学组合体育教学方法。这要求教师根据学生的实际情况和教学设施选择合适的方法，确保教学内容和方法相匹配，并注重培养学生的综合能力。同时，对于教学方法的使用应持续进行评估和改进，以不断提高教学效果。只有如此，体育教学才能更好地促进学生的全面发展。

（三）促进体育教学质量的提高

科学的体育教学方法具有重要的意义，它能够激发学生的学习兴趣与热情，并发挥他们学习的主观能动性。通过这种方法，学生能够更好地参与体育教学，提高他们的学习效率和体育教学的质量。

首先，科学的体育教学方法能够激发学生的学习兴趣。在传统的体育教学中，学生往往被动地接受知识和技能的灌输，缺乏主动性和积极性。而科学的体育教学方法注重培养学生的主体意识，鼓励他们积极参与体育活动。通过设置有趣的活动和游戏，引导学生主动参与，激发他们对体育的兴趣和热情。这样，学生在学习体育知识和技能的过程中感到愉悦和乐趣，对体育教学产生浓厚的兴趣。

其次，科学的体育教学方法能够发挥学生的学习主观能动性。在传统的体育教学中，教师往往起着主导作用，学生只是被动地接受指导和训练。而科学的体育教学方法注重培养学生自主学习能力和解决问题的能力。教师通过启发式的提问、情境设计和团队合作等方式，引导学生主动思考和解决问题。学生在积极参与和思考的过程中，不仅能够加深对体育知识的理解，还能够培养创新思维和团队合作精神。他们在学习体育知识和技能的过程中成为主动的学习者，不断追求进步和完善自己。

最后，科学的体育教学方法对于提高学生学习效率和体育教学质量具有积极的促进作用。通过激发学生的学习兴趣和发挥学生的学习主观能动性，学生能够更加专注于学习，提高学习效果。同时，科学的体育教学方法也能够促进学生的全面发展。在体育教学中，它不仅注重学生的身体素质的培养，还注重培养学生的协作能力、沟通能力和创新能力。这样，学生能够在全面发展的过程中提高自己的综合素质和竞争力。

三、大学体育教学方法的类型

（一）传统大学体育教学方法

1. 传统体育运动教法

（1）语言教学法。语言教学法是指教师通过语言方式来描述体育知识、文化、动作要领、技术构成、教学安排等一系列活动要点的方法，学生通过对教师的语言的理解，逐步掌握知识的要点。

第一，讲解教学法。讲解教学法，是指教师通过讲解来展开教学活动内容。讲解教学法一般用于体育理论的教学，讲解教学时体育教师需要注意学生的认知能力和认知水平。如果讲解的深度和难度超出了学生认知能力的范围，让大部分学生感到难以理解，则说明教师阐释的方式或者选用的教学内容不适合学生。

第二，口头评价法。作为体育教学中的教学方法之一，口头评价是最为快速和直接的一种评价和提醒，它不拘泥于某个具体的时间点和地点，既可以在课堂中进行也可以在一节课结束之后，体育教师对学生的学习和练习以及获得的学习效果进行简要的、概括性的点评。口头评价按照评价的性质可以分为积极评价和消极评价两种：积极评价——带有肯定、表扬和鼓励性质的评价；消极评价——由于学生的表现不够理想，具有一定的批评和鞭策作用的评价。由于后者是以批评的性质为主，因此教师要尤其注意沟通的技巧，注意措辞的方式，就事论事，既要让学生充分认识到自己的不足之处，又要保护学生的自尊心。

第三，口令、指示法。口令、指示的语言凝练，短促有力，因此在体育教学的实践中教师可以适当通过口令、指示给予学生一定的知识，这种方式尤其适用于体育教学中的动作教学。口令、指示法的应用有以下要求：①发令的声音要清晰、洪亮。②注意使用口令法、指示法的时机。③注意口令、指示发出的语速和节奏，太快了学生跟不上，太慢了会削弱其力度和有效性。

（2）直观教学法。直观教学法是通过给予学生的视觉等感官以刺激来促使学生对体育知识产生深刻的了解，具有直接、生动、形象的优势和特点，因此产生的效果往往也更具有震撼力和持久性。

第一，动作示范法。动作示范法，是指在体育教学中，教师通过对教学内容的动作示范，来帮助学生熟悉动作的结构和要领，同时对该技术动作有一个整体上的、比较形象化的了解。应用动作示范法时应注意：①明确示范目的。在示范之前，要明确示范的目的是

什么，通过动作的展示，要使学生达到什么样的学习效果。②动作的示范要标准连贯。因为教师的演示就是学生学习和模仿的参考，所以教师的示范必须要正确，否则一旦学生形成错误的动作习惯，对其后续的学习会带来许多麻烦与不便。③注意选择合适的示范位置和角度。这样做的主要目的是使所有的学生都能清晰地观察到动作示范，从而对技术动作产生一致性的、准确的理解和认识。为了实现该目标，教师可以选择从多个角度进行多次示范。

第二，教具与模型演示。利用教具和模型等实际物体来辅助体育的教育教学，使学生对于技术结构的理解会更加简便和轻松。

第三，多媒体教学法。多媒体教学可以形象生动地将教学内容展示出来，通过动画和视频演示、慢放和定格等操作，可以将每一个动作的每一个重点和细节都精准地定位、展示和分析，从而使学生对动作技术有更加快速、清晰、深刻的认识，这是传统的肢体示范和口头讲解都无法实现的。

第四，案例教学法。案例教学法就是在体育教学中用对比和类比等方法来列举例子，让学生能够更好地理解所教授的内容。在案例教学法中，例子的选取要适合，确保能够产生目标要达到的加强、对比等方面的作用。例如，选取有关战术配合的案例时，其案例的分析要尽量详尽一些，并且要注意从攻和守两个角度来进行分析。

（3）完整教学法。完整教学法在体育教学中有着较为广泛的应用，其主要应用于教学实践课，重点强调在体育教学过程中要完整地、不间断地对整个技术动作的过程进行展示，使学生从整体上产生对动作的整体概念和印象。在体育教学中，完整教学法的应用有以下三个要点需要引起注意。

第一，完整展示要及时。在通过语言讲解之后，要尽快进入整体展示的阶段，保持学生在认知上的连贯性。语言讲解和整体展示在连续的、双重的作用下，能够促进学生对技术动作有一个正确的把握。这样的教学方法可以确保学生理解并掌握动作的正确执行方式，避免在学习过程中产生误解或错误的动作习惯。

第二，前期的动作练习要适当降低难度。对于难度系数稍大的动作，教师可以先降低动作的难度和要求，以引导学生完成完整的动作流程。通过逐渐增加难度的方式，学生能够逐步适应和提升技能，最终能够按照标准动作的要求完成整个动作的学习和练习。这种渐进的训练方法有助于学生建立起正确的动作基础，并增强他们的自信心和动作技能。

第三，对动作的各个要素进行全面的解析，而不仅仅局限于将动作连续地展示给学生看。动作要素包括动作的发力点、支撑点，用力的方向、大小，以及所有影响动作标准的细节因素。教师应该对这些要素进行深入分析和解释，让学生了解每个要素的重要性以及它们在动作执行中的作用。通过清晰地解析每个要素，学生可以更好地理解动作的技术要求，并能够有针对性地进行训练和调整，从而提高动作的准确性和效果。

（4）分解教学法。分解教学法是与完整教学法相对的，更适合于高难度的运动项目。分解教学法的主要优势是分步教学，将原本很复杂的动作变得更容易理解和模仿，从根本上降低技术动作的难度。具体来说，分解教学法的应用需要注意以下三点。

第一，科学地选择技术动作的分解节点，以确保不破坏整个动作的连贯性。将一个复杂的技术动作分解成多个小的部分，有助于学生更好地理解和掌握每个部分的要领。然而，分解动作时需要注意选择适当的节点，避免过分细化导致学生难以理解和组合。确保每个分解后的部分都能独立地进行练习，并注重细节和正确的动作执行方式。

第二，注意依次进行教学和加强衔接练习。分解后的各个部分应按照其在整个动作中的先后顺序进行练习，逐步建立学生对于每个部分的正确记忆和运动模式。随后，将各个部分的衔接处结合到一起进行练习，帮助学生理解和掌握整个动作的流程和连贯性。可以通过有针对性的强化练习来加深学生对于衔接处的认知和技能，如增加练习次数、缩短时间间隔或增加难度等。

第三，将分解教学法和完整教学法结合运用，可以获得更好的教学效果。分解教学法有助于学生理解和掌握技术动作的细节和要领，而完整教学法能够帮助学生理解和运用技术动作的整体结构和连贯性。在教学中，可以先通过分解教学法引导学生逐步学习和练习技术动作的各个部分，确保他们掌握基本的动作技能。然后，逐渐将各个部分结合起来，运用完整教学法让学生理解和运用整个动作的流程和连贯性。这样的教学方法能够使学生既能够细致地掌握技术动作的各个要素，又能够将它们有机地结合在一起，形成流畅自然的动作表现。

（5）预防教学法。学生的体育学习和教师的体育教学一样，也是一个开放性的过程，因此其受到各种因素干扰的可能性较大。除此之外，学生的理解能力、认知水平、身体的协调性和体能素质等各方面的条件也存在较大的差异性，要求所有的学生都能够迅速掌握体育知识和动作要领显然是不现实的。在学习的过程中学生不可避免地会出现各种各样的错误，这就要求教师要注意观察学生的动作练习的情况，总结出其中的规律性，指出错误发生的根本性原因并予以纠正。预防教学法正是针对学生的错误认知、错误动作这种现象而提出的一种具有预防、阻断效果的教学方法。具体来说，应用预防教学法有以下三个要求。

第一，在体育教学中，前期的讲解过程要不断强化正确的认知，并对易于出错的地方予以强调，避免对动作的理解产生歧义和不正确的认知。为了确保学生对体育动作的正确理解，教师在课堂上可以采用多种教学方法。首先，教师可以通过清晰明了的口头解释来介绍动作的基本要点和正确执行方法。同时，结合图像、示范或视频等视觉辅助材料，帮助学生更好地理解和模仿正确的动作。此外，教师还可以通过提问和讨论的方式与学生进行互动。通过问答环节，教师可以引导学生思考动作的关键点和常见错误，激发学生的学

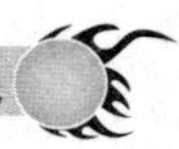

习兴趣，加深他们对正确动作的理解。在学生进行实际操作时，教师应该及时给予指导和纠正，确保他们能够正确执行动作。通过反复的实践和指导，学生可以逐渐建立起正确的动作认知，避免形成错误的动作习惯。

第二，教师在正式上课之前要对可能出现问题的地方进行预估，然后设计出一套比较完善和高效的解决方案，这样可以节约上课的时间，提高教学的效率。在体育教学中，教师需要提前进行充分的准备工作，以确保上课时能够高效地解决学生可能遇到的问题。首先，教师应该对学生常犯的错误和易混淆的动作要点进行分析和总结。通过了解学生容易出错的地方，教师可以事先准备相关的讲解材料和示范视频，以便在课堂上快速进行讲解和演示，避免浪费时间在重复性的错误上。此外，教师还可以预先设定一些针对性的练习和活动，以帮助学生巩固正确的动作技能。通过设置特定的练习项目和训练方法，教师可以帮助学生针对性地改善他们的弱点和错误。这样的准备工作可以使教师在上课时更加有针对性地指导学生，提高教学的效率和学生的学习效果。

第三，可将口头评价的教学方法综合运用到实际的教学过程中，提示学生在关键的时候不要犯错误。口头评价是一种常用的教学方法，可以帮助学生在学习过程中及时了解自己的问题和不足。例如，在进行体育技能训练时，教师可以通过实时观察学生的表现，并及时给予指导和反馈。教师可以鼓励学生在练习过程中不断尝试和改进，并在他们出现错误时及时纠正。通过直接的口头指导和评价，学生可以更好地掌握正确的技能执行方式，避免在关键时刻出现错误。另外，教师还可以鼓励学生进行互相评价。通过让学生观察和评价其他同学的动作执行，可以帮助他们更加敏锐地察觉问题，并学会提出有建设性的指导和意见。这种互相评价的方式可以激发学生的合作和学习兴趣，促进他们之间的交流和共同进步。

（6）纠错教学法。所谓纠错教学方法，是指在实际的教学过程中教师发现学生发生了在理论认识和动作练习上的错误之后及时纠正的一种教学方法。其中，动作错误主要体现在对于动作理解上的偏差而导致的错误，或者是由于不够熟练，达不到标准的技术动作。针对不同的情况，教师要加以分析并采用不同的引导方式，必要的时候可以使用一定的外力帮助学生对于技术动作形成正确的本体感觉。比起预防性的措施，纠错具有较强的针对性，因此教师必须能精准分析错的源头，才能给出最为合理和有效的解决方案。

（7）游戏教学法。游戏教学法，指教师通过游戏娱乐的方式促使学生对体育知识要点的掌握。该教学方法应用比较广泛，其最大的优势在于可以极大地调动学生的学习积极性。在进行游戏教学的过程中，需要注意以下六个方面。

第一，游戏的设计应与所教授的内容具有较高的相关性。这意味着游戏中的行为方式和思维方式应与教育目标一致。

第二，游戏的设计和选择要注意学生的兴趣和偏好。学生在参与游戏时更有可能投入并享受其中，因此教师可以了解学生的兴趣爱好，选择与之相关的游戏。

第三，游戏的开展需要鼓励学生尽力而为，并培养良好的合作精神。通过团队游戏或合作竞赛，可以促进学生之间的合作与交流，培养他们的团队合作能力和集体荣誉感。

第四，教师在游戏过程中扮演着“警察”的角色，对于犯规行为要给予一定的惩罚。这有助于培养学生的纪律和规则意识，同时确保游戏的公平性和秩序。

第五，游戏结束后，体育教师应与学生进行交流，了解他们对游戏的感受和体验。同时，对学生的表现给予中肯全面的评价，包括肯定他们的优点和提出改进的建议。这样可以激发学生的自信心，同时帮助他们在游戏中不断进步

第六，在整个游戏教学过程中，教师应提醒学生注意安全，并禁止具有安全隐患的行为。游戏可能涉及一些身体活动或特定的环境，因此教师需要确保学生了解并遵守安全规则，以防止意外事件的发生。

（8）竞赛教学法。竞赛教学法就是通过组织各种比赛来促进体育教学的一种方法。竞赛教学法可以提升学生各方面的综合能力，是一种比较理想的训练方法和教学方法。具体来说，比赛可以增加学生运动技能的实践经历，使得那些高难度的动作和技战术不是纸上谈兵，同时还可以锻炼学生的团队协作能力，以及面对突发状况时的心理调适能力和应对问题的能力。关于竞赛教学法，其应用有以下三个注意事宜。

第一，合理分组。各个对抗队的人员实力要处于不相上下的水平，这样才能通过激烈的竞争获得共同的提高。

第二，客观评价。教师要密切关注学生在竞赛过程中的表现，既要从整体上把握，又要看细节的处理。只有做到这一点才能给学生以最客观和中肯的评价，从而使学生能够清晰地意识到自身的优势和不足，促进他们获得进一步的提升。

第三，竞赛教学法的前提条件是学生对于运动项目有一定深度的理解，并且已经熟练掌握相关的技术动作，这样可以有效避免出现由于不熟练带来的运动伤害。对于每一位体育教师而言，不能仅限于某一种教学方法，而是应当不断地尝试和学习新的教学方法，并结合教学的实际情况科学、灵活地选择和组合。这样可以显著提高体育教学的质量。

2. 传统体育运动学法

（1）自主学习法。自主学习法是指学生主动发现、分析、探索，独立自主地进行体育学习的方法，但这并不意味着学生可以完全脱离教师的指导，而是要在教师一定的引导下开展自主性学习活动。体育教师指导学生进行自主性的体育学习，应当要注意以下四个方面。

第一，难度要适当。由于是自主性学习，学习过程以学生自己思考与探索为主，这对学生来说并不是一件轻而易举的事，因此教师要注意根据学生的年龄阶段、认知特点，为

学生选择难度适当的学习内容，保证具有一定的挑战性，但又不至于无法完成。

第二，明确学习目标。教师要为学生的自主学习制定一个清晰的学习目标。通过这个学习目标，学生要清楚地知道自己要完成的任务是什么，需要解决哪些问题以及要达到什么样的水平。

第三，学生要参照学习目标，在学习过程中学会自我调控。这主要表现为：①对学习过程有一个整体的把握；②要学会积累各种学习方法，并思考学习方法与运用场景之间的联系；③要有创新思维，在对具体情境进行较为客观理解的基础上将已有的知识进行迁移和组合，从而创造出专属于自己的新策略。

第四，教师要对学生的自主学习给予适当的辅助与引导。学生的自主性学习并不是放任不管的无组织的学习，相反它更是一种有计划、有目标的学习过程。在这个过程当中，教师要关注学生的学习进度，如果出现不妥当的情况，如学生的学习路径或思考方式与学习目标发生偏离时，需要及时给予纠正。

（2）合作学习法。合作学习法是指在学习的过程中强调合作的重要性，强调学生之间的相互帮助和配合，通过合理地划分工作任务和相应的责任，最终能够共同圆满地解决问题，达到学习目标和任务。

第一，确立学习目标是合作式学习的基础。教师应当明确预期要达成的效果是什么，这可以是知识的掌握、问题解决能力的提高、团队合作技巧的培养等。此外，还要明确重点培养学生在哪方面的能力，如批判性思维、沟通能力、领导力等。通过明确学习目标，可以使学生和教师在学习过程中有一个明确的方向和依据。

第二，将全部学生分成实力相当的小组是实施合作式学习的关键步骤之一。分组时应注意将不同性格、性别、特长的学生合理搭配，以促使学生之间相互取长补短。这样的组合有助于学生之间的合作和协作，可以激发他们的学习潜力并培养团队精神。

第三，确定小组研究课题。教师可以引导学生合理地进行组内分工，让每位成员发挥自己的优势并为小组的整体学习效率做出贡献。在确定课题时，教师还可以根据学生的兴趣和实际情况来进行调整，以激发学生的主动性和参与度。

第四，小组成员需要共同努力完成学习任务。他们可以通过讨论、合作和互相帮助来解决问题和完成任务。在这个过程中，学生可以互相学习、分享经验，并且从其他组的成果中获取启发。这种互动和交流有助于学生的综合素质的提升，并且培养了他们的合作和交流能力。

第五，各个小组之间应进行学习和交流。这种跨组交流的机制可以促进知识的共享和经验的互通。学生可以分享各自的心得和团队合作的策略，通过倾听他人的观点和经验，他们可以相互学习、发现自身的优势和不足，并不断提高自己的能力。

第六，教师在整个学习过程中起着重要的作用。他们应关注、监督和评价学生的学习过程，并及时提供指导和反馈。同时，教师也应与学生一起做好学习的总结，帮助他们回顾学习的成果和经验，并指导他们如何将所学知识应用到实际生活中。

（二）新型大学体育教学方法

1. 娱乐教学法

增强学生体质是大学体育教学积极效应的重要方面，这一点似乎是毋庸置疑的，但是在现实的教学过程中仍然有相当一部分学生对体育课堂的学习不感兴趣，所以不能积极主动地参与体育活动。现实当中的体育课往往是教师一味地讲解和示范技术动作，学生一味地模仿这些技术动作，单调乏味、缺乏变化和吸引力的体育课程无形之中就造成学生想逃离却又不得不接受的现状。

因此，为了激发学生对体育课的兴趣，更好地焕发出体育运动本身的独特魅力，就必须要改变过去单一的教学形式，积极采用娱乐教学法，重新编排和组织体育教学内容。在娱乐教学过程的设计上，体育教师也需要下功夫，积极探寻每一堂课教学内容当中的娱乐性成分和娱乐性元素，或者考虑如何将娱乐性元素如游戏、音乐、竞赛、趣味性道具的使用等穿插到体育教学过程当中。当然，该做法会给教师的工作带来一定的负担和压力，但可以充分展现出体育教学内容的丰富性和趣味性。只有当学生的学习兴趣提高了，学生的学习效率才会随之得到提高。需要注意的是，在该方法的使用中要避免走纯娱乐的另一个极端，如果失去了对培养学生强健体魄和学习能力的本质任务的把握，那将是得不偿失的行为。

2. 成功教学法

成功教学法是一种根据学生的接受能力，提炼教学技术动作的精华部分，并适当降低整体难度的教学方法。它鼓励学生通过自己的意志力和理解能力成功地完成动作学习。在这个过程中，学生通过成功地完成技术动作，体会到成功所带来的舒畅感和快乐感，这种感受是任何外在鼓励都无法比拟的。因此，学生对体育学习的信心大增，坚信自己能够成功地学好其他体育运动技能。通过成功教学法，重新点燃学生对体育学习的信心，培养他们坚韧不拔的意志品质，并形成正确的学习动机，这对于提升他们的运动技能非常有益。

成功教学法的核心在于根据学生的实际情况，精心设计教学内容，使其能够在相对轻松的环境下成功地完成动作学习。通过将技术动作的难度适度降低，学生可以更加轻松地掌握基本技能，并逐步提升到更高难度的动作。这种逐步发展的过程能够让学生逐渐建立起对自己能力的信心，并体验到进步和成就感。

同时，成功教学法注重培养学生自主学习的能力和解决问题的能力。学生在教师的引

导下，通过自己的思考和实践，探索解决问题的方法和技巧。这种积极参与的学习方式有助于培养学生的创新思维和团队合作精神，提高他们的学习效果和学习动力。

通过成功教学法，学生不仅能够提高体育运动技能，还能够培养健康的身体素质和积极向上的心理素质。他们在成功的过程中体验到的快乐和满足感将激发他们对体育学习的热情和兴趣，进而促进他们在体育活动中的积极参与和持久坚持。

3. 探究教学法

探究教学法是指教师引导学生在教学过程中发现问题、分析问题，最终提出可行性方案而解决问题的一种教学方法。通过该教学方法，学生在探索和分析的过程中不知不觉地掌握了相关的知识和技能，同时培养了高超的洞察力和知识迁移的能力。探究教学法符合现代教学教育理论以及以学生为主体的教学理念，因此越来越受到体育教师的重视。

在探究教学法的应用过程中，探究的目的要明确。教师要提前确认研究计划，确保体育教学目标的实现。探究的目标模糊或者实际的教学与探究的目标相背离，会造成无效的教学，浪费师生的时间和精力。

探究的内容和主题要和学生的运动水平以及他们的认知能力相一致。教学内容太简单的话，学生会感到没有激情和挑战性，继而产生无聊的感觉；内容难度设置太过于高深，又会打击学生对体育学习的自信心。因此，教师要深刻理解这一点，引导学生做难度适中的探究性学习。对于一些难度偏大的探究性内容，在学生通过努力仍然没有较为理想的思路时，教师要适度地启发和鼓励。

4. 微格教学法

微格教学法是一种利用信息化技术手段，使枯燥的体育理论知识更加形象、生动和吸引人的教学方法。具体而言，它通过录像、音频等工具构建可操作和可调控的体验系统，学生可以通过这个系统来学习体育理论，从而对体育知识和动作技能有清晰、深刻的认识，从而显著提高他们的体育运动技能。

微格教学法的核心是利用现代技术手段创造出一个互动性强、真实感强的学习环境。通过录像和音频等媒体形式，学生可以身临其境地观察和感受不同体育动作的执行过程，了解动作的要领和技巧。他们可以通过系统的操作和调控，反复观看和分析，逐步掌握正确的动作要领，并加以实践和运用。这种互动性和实践性的学习方式，使学生能够深入理解体育知识，并将其应用到实际的运动中。

微格教学法的优势在于它能够将抽象的体育理论知识转化为具体、可感知的形象。传统的体育理论课程往往过于抽象和概念化，学生很难从中建立起直观的认知和体验。而微格教学法通过多媒体的展示和操作，让学生能够亲身参与和体验，使得体育知识更加形象、直观，更容易理解和记忆。学生通过这种身临其境的学习方式，能够深入感受到体育动作的细节和要点，从而更好地掌握和运用相关技能。

此外，微格教学法还能够激发学生的学习兴趣和积极性。通过多媒体的展示和互动操作，学生参与度提高，学习过程更加有趣和有挑战性。他们可以主动探索和实践，从中获取成功的体验和成就感。这种积极的学习体验可以激发学生的学习兴趣，增强他们的自信心和学习动力，促进他们在体育运动技能上的进一步提升。

（1）提前准备好课件。教师需要在上课之前对视频进行剪辑处理，并制作成教学课件以应用于体育教学，以使得教学内容更加丰富和形象，这对于调动学生的学习主动性具有积极的促进作用。

教师在讲解了基本的体育理论知识之后，将视频或音频课件向学生展示出来。通过这些具有感性化的视听材料，学生对于体育知识和动作技能的理性认识会逐步加深，从而可以从根本上提升学生的体育运动技能。例如，在篮球技术的教学过程中，教师可以在上课之前收集一些著名的篮球明星是如何完成这些技术动作或者战术配合的，然后将其剪辑成教学课件，学生通过这些视频，便于对技术动作的深刻理解，加上是有关自己敬仰的篮球明星的“示范”，这对于提高他们的信心和信任度都是极为有利的。

（2）以学生为主体，安排教学内容。这里主要是指教学内容要考虑到的学生的发展方向以及关注学生本身的兴趣所在。一方面微格教学法在教学内容的选择上应当有针对性，要着重培养学生将来的专业或岗位所必需的素质和能力；另一方面教师也要注意学生的时代特征和个性化特征，尽量选择具有典型意义和在学生群体中普遍受欢迎的体育教学内容。与此同时，体育教师还要注意在体育教学过程中给学生留下一定的思考的时间和空间，引导学生进一步思考和探讨，让学生在和谐、温馨、互助的学习氛围中感受到体育学习的乐趣和意义所在。

（3）在实际的教学实施中，可以将播放视频和让学生反复训练两种方式交替进行。其具体流程为：①在进行教学示范时，教师可以通过高水平运动员的示范录像，方便学生形成技术动作的感性认识以便于模仿训练。②教师在采用微格教学法时，还可以结合多种体育教学方法，比如选择用直观教学法和分解教学法，可以强化学生对于体育技能的理解和训练。③教师安排学生进行训练，当完成一个阶段的训练之后，教师安排所有的学生分批进行演示，同时拍摄演示的视频。④师生一起观看学生的演示视频，针对各个小组和队员的动作技能演示情况，师生一起展开分析和讨论，然后教师要对学生训练的结果做出客观的评价，指出训练过程中出现的错误动作并及时纠正。

微格教学法用于体育教学时，还有几个需要注意的细节问题：在教学过程中，体育教师可根据体育教学的实际情况选用慢镜头或者回放，以便学生看得更加清晰明了；通过自己的演示视频，学生可以自行将其与标准动作做比较，从而很容易找出自己的问题所在；

通过师生的评价以及教师的指导，学生可以在分析和比较中找出问题的原因所在及其解决办法。

（4）课程结束后，体育教师利用现代技术的优势，反复观看教学视频，对自己的教学过程进行仔细的回顾和分析。这种反思和观察的过程对于提高教学质量至关重要。通过重温教学视频，教师能够发现自己在教学过程中存在的不足之处，并有机会进行优化和改进。

四、大学体育教学方法的体系构建

（一）大学体育教学方法体系构建的理论依据

在体育课程改革的过程中，“目标统领教材”是一个重要的指导思想，其要求是依据教学目标来选择体育教学内容。教学内容涉及的不仅仅有教师所教授的知识和技能，同时也包括观念、思想、行为和习惯等与学习能力相关的种种要素。也就是说，学生的学习过程就是将教师所教授的内容内化为自我的知识体系和心理体系的一个过程。这个过程不会自动地发生，需要教师通过一定的教学方法才能够实现。按照体育新课标的具体要求，可以得知对于体育教学方法的选择要视大学的具体情况和学生的身心发展特点而定。

过去的体育大纲对体育教学目标、内容和考核的标准等方面都有明确规定，但是基本上是千篇一律的，其问题主要在于忽视了各个地区在自然环境、城乡差异、文化差异以及经济发展水平上的差异性。而且，也没有关注过学生的兴趣爱好、个性特征以及他们的体育基础。在实际的教学过程中，一味地使用讲解和动作示范等单一性的体育教学方法，导致学生缺乏对体育运动深层次的理解。

新课程标准形成了“目标—内容”关系体系，即目标决定内容选择、内容选择促成目标的相互关系。此外，新课标还将体育教学内容的学习水平分成了6个等级，并且对每一级的水平目标都有明确的定义，从而体现出了体育教学的特殊性。

因此可以说，新课程标准的确立，可以对大学体育教学方法的选择提供一定的理论指导，促进了“目标—内容—方法”教学范畴体系的初步形成。在这样的一个体系的指导下，不同的地区、不同大学在选择体育教学内容和方法时就有了具体的参考和选择的空间。

（二）基于新课标的大学体育教学方法体系的构建

新课程标准最大的特色，就是学生的学习方式发生了巨大的变化。具体而言，就是摒弃了过去那种纯粹的接受式的、被动式的学习方式，取而代之的是体现学生主体性的、主动式的、具有探索性的、研究性的学习方式的提倡和建立。要彻底实现这一转变，教师的努力起着举足轻重的作用。其主要体现在：要了解学生在兴趣爱好、个性特征、学习能力等的具体情况；充分考虑学生的年龄特征及其身体生长发育的规律；为课堂师生的互动提供广阔的空间。

因此，在实践中必须要建立起一个新的、完善的教学方法体系以适应新课标的要求，使新时期的体育教学遵循体育教学本身的客观规律，结合具体的教学内容，构建出新的体育教学方法体系。

五、大学体育教学方法的优化与创新

（一）大学体育教学方法的优化

1. 转变教学理念，创新教学手段

“在当前社会中，创新能力和创新意识已经成为优质人才所必备的一种素质，只有这样才能推动民族的发展，使人本身拥有更加广阔的发展空间。”①信息技术发展迅猛，教学与网络技术的融合已经成为一个不可逆转的趋势。在教学中，运用网络技术，可极大程度地保证整个教学收获到良好的结果。为了能够将网络技术的作用发挥出来，体育教师需要及时对教学理念进行调整。对此，大学体育教师以及相关工作人员一定要以一个开放的态度面对当下流行的新理念以及新事物，以此来为现代体育教学手段在体育教师的实际应用中提供便利。体育教师要严格要求自己，提升自己的专业素质，努力在实际教学中不断发现自我、完善自我。这点是现代大学体育教师素养在新形势下必须具备的一个素质；同时，也是保证信息技术在体育教学中发挥出最大作用的关键所在。

在创新大学体育教学手段这一实际过程中，体育教师要想收获到良好的成果，应该在态度上给予重视，树立其科学且正确的创新意识。体育教学手段能够有所突破、实现创新，将会对现代大学体育教学实现创新、突破传统落实理念的制约和建立起与时代相适应的现代化体育教学模式起决定性作用。要想实现体育教学手段的创新，关键在于引导一线体育教师以及体育教学的相关管理部门对于创新形成正确的思维和意识。体育教学手段要想实现现代化，离不开体育教师想要激发学生的创造欲望、满足学生的心理需要以及随时根据现实对体育教学进行调整的高度工作责任感。

2. 运用多媒体技术，优化教学设施

大学体育教师在开展体育教学时，如果需要运用多媒体技术，却没有专门供体育教学的实验室以及多媒体教学场馆，通常情况是借助其他学科的多媒体教室或教学场馆，这也

---

① 郝子平．创新教育理念下大学体育教学方法的研究 [J]. 体育科技文献通报，2020，28（3）：46.

从侧面体现出体育教学对于多媒体技术的应用受到了严重制约。鉴于此，各个大学应该对体育学科的多媒体场馆以及实验室增加资金投入以及设施建设力度，保证体育教学配备足够的体育教学场地、设施、器材装备，可以很好地满足当下体育开展教学的实际需要。这同时也是创新以及发展体育教学手段，使其实现现代化的基础。

大学体育教学的发展除了要重视硬件设施的数量和质量，还应注重科学有效地应用现代化教学设备，以确保其更好地为体育教学实践服务。体育教师可以利用多媒体技术的慢放功能，对于那些复杂动作进行慢放或分解，从而帮助学生深入理解动作的原理和动作之间的连贯关系。同时，还可以利用多媒体技术记录学生练习技术动作的过程，以分析学生的掌握情况，并及时调整和纠正不足或错误。多媒体技术涵盖了图像、声音和色彩等方面，能够直接刺激学生的感官，相比传统教学方法更能激发学生大脑皮层的神经系统，从而极大地提高学生的学习积极性。

通过多媒体技术，体育教师可以创造出生动、形象的教学环境。例如，在解析复杂动作时，教师可以使用视频和图像，将动作的每个细节展示给学生，让他们通过多角度的观察和思考来理解动作的执行要领。此外，教师还可以利用音频技术，为学生提供专业的解说和指导，帮助他们更好地理解动作的步骤和技巧。同时，色彩的运用也可以增加学生的注意力和兴趣，让他们更主动地参与体育教学。

多媒体技术还可以为学生提供更多实践机会和反馈。通过记录学生练习技术动作的过程，教师可以随时回放和回顾学生的表现，分析他们的动作是否规范、动作链条是否连贯，并及时给予指导和建议。学生也可以通过观看自己的练习录像，主动反思和发现自己在动作执行中存在的问题和改进的空间。这种及时的反馈和自主学习的机会，有助于学生更加全面地提高自己的技术水平和动作执行能力。

多媒体技术还可以拓展学生的学习资源和学习方式。教师可以利用互联网资源，选择和使用优质的教学视频、教学软件等，为学生提供更广泛、更深入的学习内容。学生可以通过多媒体技术进行自主学习，随时随地获取所需的学习材料和信息，提高学习的灵活性和便利性。同时，教师还可以设计互动性强的教学活动，通过多媒体技术的应用，让学生在合作、竞争、模拟等不同的情境中进行学习，培养他们的团队合作能力和问题解决能力。

除此之外，大学体育教师在开展体育教学时，可事先组织学生对于课堂内容所涉及的技术动作进行观看，让学生对于该技术动作有所理解。除此之外，体育教师还可借助实验室的器材设备，来让学生通过真实体会这一形式对技术动作的特点进行更加深入的掌握。

体育教师要组织学生在实际结合运用多媒体的练习过程中，加深对学生练习时间以及节奏的把控，让学生可以正确掌握该技术动作，并对其所具有的时空感、节奏感有更深的理解，从而保障学习效果可以得到有效提升。

3. 开发科学体育教学软件，提升教学效率

在大学体育教学基础设施持续得到完善、优化，以及教育技术现代化得到快速发展这一背景下，当前各所大学一定要注意加大对于体育教学辅助软件的建设力度。各所大学在后续体育教学中应有意识地确保体育教学软件的开发力度可以得到进一步提升，使其得到迅速发展，可以更好地匹配现有的硬件设施，从而可以将现代化教学手段的价值以及意义充分发挥出来。具体来说，体育教师在开展体育教学的实际过程中，要基于汇集计算机、投影仪、录像播放三者于一体的多媒体技术，将那些难度相对较高的动作技术制成电脑动画，以便学生可以反复多次地、慢速地、多方位地、动静结合地来观看整个技术动作的演示，如果可以再配以一定文字对该类动作的关键部位进行解释说明，学生势必会对所学动作的技术要领以及动作结构有更加深刻清晰的理解和认识，这可确保学生对正确动作快速形成概念，可极大程度地提升教学效率。

功能强大、全面、实操性较强的教学软件可极大程度地激发起学生学习体育动作、体育理论的兴趣。这进一步说明教学软件的开发利用在大学体育教学中具有非常重要的价值。例如，在开展篮球体能训练的实际过程中，倘若只仰仗个人进行体能训练，或者利用多媒体幻灯片这一技术来向大学生讲解大量的理论文字，这对学生而言无疑是枯燥的也是乏味的。反之，倘若体育教师在制作体能电子教案时采用动画或者视频等动态形式来对体能训练进行讲解，这种形式更加具有观赏性，可供学生反复观看，最后再辅以文字理论讲解，可以直接对学生的感官神经产生一定刺激，使学生在学习体育理论以及技术时带有强烈的好奇心与兴趣。具体来说，大力开发体育教学软件，除了有益于进一步优化体育教学内容、教学模式，还能进一步拓展以及丰富学生对所学内容的领悟路径。

此外，出于进一步丰富以及拓展资源的目的，各所大学还应该搭建起相关的网上教学资源库，以便学生可以借助校园网在教学资源库中获取到自己所需以及自己感兴趣的知识，并在线主动进行学习，这有利于为学生营造出一个更好适应高度互动、个性化的智能教学环境。在校园网、体育教学信息库得以建立并实现进一步改善，以及高科技产品与体育教学之间的结合更加紧密的背景下，不管是研制现代化体育教学软件还是创新与开发现代化体育教学软件，和过去相比都更为容易了。由此可见，加大开发体育教学软件的力度，对创新以及发展体育教学手段的现代化都具有极其重要的意义。

（二）大学体育教学方法的创新

1. 教学方法的阶段创新

（1）准备活动的方法创新。准备环节是大学体育教学的重要环节之一。好的准备活动可确保学生不管是身体机能还是心理机能都可以快速进入准备状态，极大程度地降低了

运动损伤的发生概率，使整个运动过程得以顺利进行。因此，体育教师在创新体育教学方法的具体过程中，应该以准备活动作为着手点，使准备方法根据创新性，让学生得以放松身心，为后续教学的顺利进行提供保障。

具体来说，准备活动通常可分成两种形式——专项准备和一般性准备。体育在专项准备活动中，体育教师可基于教学内容适当引入一些与之相关的内容。例如，体育教师可在开展投掷类运动之前，开展一个传球游戏，既可以让学生放松身心，激发起学生学习的热情，又可以让学生做好热身，可极大程度地避免运动损伤的发生，进而得以为后续教学的顺利进行做好铺垫。在一般性准备活动中，可通过游戏的形式激发学生的参与热情，保证学生大脑的兴奋性得以提升。例如，可以采用以“贴人”“报数”等为代表的过程简单、组织便捷且具有极强灵活性的游戏，引导学生的身心得以迅速处于一种准备状态。

（2）课堂教学的方法创新对于大学体育教育至关重要。体育教师不断探索将创新理念融入实际教学中的方式，既能提升课堂氛围的活跃度，使原本枯燥单一的训练变得有趣生动，又能激发学生的学习热情，使他们在深入理解相关理论的同时，尽快掌握相关的运动技能，最终实现理想的教学效果。

通过创新的教学方法，体育教师能够为课堂注入更多活力和创造力。他们不再拘泥于传统的教学形式，而是利用现代科技、多媒体等教学工具，创设丰富多样的教学场景。例如，利用投影仪播放运动视频、动画或实况比赛录像，可以生动形象地展示体育动作和策略，激发学生的兴趣和好奇心。同时，教师还可以设计富有挑战性和趣味性的小游戏、竞赛或团队合作活动，让学生在参与中积极思考、交流和实践，提高他们的动手能力和团队意识。

创新的教学方法能够激发学生的学习热情和主动性。体育课程通常是学生喜爱的课程之一，但传统的体育教学方式往往过于重视理论知识的灌输，缺乏互动和实践环节。通过创新的教学方法，体育教师能够使学生在参与体育活动的过程中积极思考和探索，激发他们的学习热情。例如，教师可以采用问题导向的学习方式，引导学生自主提出问题、解决问题，并及时给予肯定和建议，使学生在实践中不断进步。此外，教师还可以设置小组合作项目，让学生在小组中相互配合，分享经验和技巧，培养团队合作精神和领导能力。

创新的教学方法能够提高学生的学习效果和能力发展。传统的体育教学常常将理论知识和实践训练割裂开来，导致学生缺乏对理论知识的深入理解和应用能力的培养。通过创新的教学方法，体育教师可以将理论与实践相结合，使学生在实际运动中理解和应用相关理论知识，从而更好地掌握运动技能。例如，教师可以引导学生进行反思和总结，帮助他们将运动过程中的经验和教训转化为知识和技能的积累，培养学生的自主学习和解决问题的能力。此外，通过定期评估和反馈，教师可以及时了解学生的学习情况，根据学生的需求进行个性化指导，帮助他们实现个人潜力的最大发展。

（3）体育教师如果在实际开展大学体育教学的过程中可以很好地对结尾阶段的方法进行创新，为整个教学留下一个美好的结尾，会让学生产生一种乐不思蜀的感觉，这无疑对学生运动习惯的养成和运动意识的形成都具有十分重要的作用。在体育教学中，结尾阶段在整体教学过程中所发挥的作用不容忽视，除了可使学生原本处于不平静状态的身心机能得以迅速恢复，还能为学生后续的深入学习做好准备。对此，体育教师在进行创新时，一定要以学生此时所具有特点以及需求作为指导，大胆对方法进行创新，以此来保证教学在结尾处可以得到升华。

具体来说，体育教师可以安排一些旋律、节奏都较为舒缓的音乐，再配合一些相对较为舒缓的动作，引导学生的机能状态可以逐渐趋于平静。除此之外，体育教师还可以尽可能对结尾时的教学形式进行丰富，可引入瑜伽、太极以及健美操等运动项目的动作，保证学生的学习兴趣得以激发，确保创新可以实现。

2. 教学方法的组合创新

随着大学体育教学的不断发展，组合创新教学方法成了优化教学的趋势。组合创新是指体育教师通过合作学习法对教学方法进行完善和创新。通过将不同的教学方法相互结合，形成新的教学方式，以提高教学效果和实现顺利的教学活动。

体育教学方法的组合实质上是对原有方法的创新和完善。传统的体育教学方法可能存在一些局限性，无法满足学生的多样化需求和教学目标的要求。因此，为了保障教学活动的顺利进行，体育教师需要根据实际情况不断创新教学方法。通过组合不同的教学方法，可以创造出更适合学生学习的方式，使体育教学效果得到提升。

“创新教育理念在体育教学中一直位于首要位置，因为创新教育理念代表的不仅是教育的创新发现，还象征着教学方法的更新。教师应以创新为基准，明确体育教学方法的实际价值，对教学方法的实施过程进行深入探讨，明确创新体育教学方法的深刻价值，掌握其具体运用过程。”[①]组合创新教学方法的实施需要教师具备一定的教学理论知识和实践经验。教师可以通过学习和借鉴其他学科的教学方法，将其与体育教学相结合。例如，可以借鉴游戏化教学的思想，将体育教学过程设计成游戏，增加学生的参与度和学习兴趣。同时，可以将信息技术与体育教学相融合，运用多媒体教学手段和互联网资源，拓展学生的学习渠道和方式。

组合创新教学方法的优势在于能够满足学生的个性化需求和提高教学效果。通过组合不同的教学方法，可以更好地适应学生的学习风格和兴趣特点，提供多样化的学习体验。同时，不同的教学方法相互结合，可以弥补各自的不足之处，形成更完整和综合的教学模式。这样的教学模式能够激发学生的学习兴趣，提高学习效率，促进知识的深入理解和应

① 果杨 . 创新教育理念下大学体育教学方法的探讨 [J]. 南北桥，2020（23）：18.

用能力的培养。

然而，组合创新教学方法也面临一些挑战和难题。首先，教师需要具备丰富的教学资源和教学技能，才能有效地组合不同的教学方法。其次，教师需要在实施组合创新教学方法时注意教学方法之间的衔接和过渡，避免给学生带来认知困惑。最后，教师还需要根据学生的学习情况和反馈及时调整教学方法，确保教学效果的最大化。

综上所述，组合创新教学方法是大学体育教学方法优化的发展趋势。通过将不同的教学方法相互结合，可以满足学生的个性化需求，提高教学效果。然而，实施组合创新教学方法需要教师具备相关知识和经验。面对一些挑战，教师应不断探索和尝试，以创新的教学方法引领大学体育教学的发展。

第二章　大学体育教学体系构建

第一节　大学体育教学中的德育管理

一、大学体育教学中德育管理的意义

大学开展体育德育活动需要教育者、受教育者以及管理者的共同参与。“加强大学生思想道德教育，是体育课程教学的重要任务之一。”[①]大学管理者的参与，是为了更好地对学生的德育活动进行有效管理，更好地契合德育活动和德育教育，更好地实现德育教育的目的，从整体上提高大学的德育质量。

（一）协调学校、家庭与社会间的关系

在大学体育教学中进行德育管理有利于协调学校、家庭与社会之间的关系。影响德育管理效果的因素有很多，学校德育往往受到上至社会下至家庭等诸多因素影响。这也要求学校管理者必须着眼于社会的要求，立足学校的实践，兼顾家庭的影响进行德育管理，这样才能够达到理想效果。在具体的操作中，德育往往受三大因素的影响：家庭、校园、社会。其中校园因素在绝大多数时候都是主要因素。作为德育管理的“主战场”，校园必须要协调好与其他外部因素的关系，争取使社会、校园、家庭携手共进，达成一致，以合力推进德育管理，达到“1+1+1 ＞ 3”的效果。

（二）协调大学内各部门与组织间的关系

在大学体育教学中进行德育管理有利于协调大学内部各部门、组织之间的关系，并能有效提升德育质量和效率。大学作为一个综合性教育机构，对体育德育的管理是一项重要的任务，它需要在宏观层面上协调学校各部门和组织之间的关系，以确保德育活动的顺利进行。

在大学的德育管理中，需要各部门组织之间的协调配合。这些部门包括党组织、学校工会、教务处、教导处、行政部门、后勤处、总务处、班主任、教师、学生会、共青团

---

① 滑冰 . 大学体育教学中建构学生思想品德教育模式研究 [J]. 内蒙古民族大学学报（自然科学版），2014（1）：124.

等。通过这些部门的积极配合，可以充分利用和合理分配与德育活动相关的校内外的人力、物力、财力等教学资源，进而促进德育教学活动的开展。

大学通过宏观调控各部门组织之间的协调关系，可以避免不必要的关系冲突，从而确保学校资源的合理运用。德育管理的有效实施可以提高德育教育的质量和效率，进一步促进学生德育素质的全面发展。

（三）协调大学体育德育各要素间的关系

在大学体育教学中进行德育管理，有利于协调学校体育德育过程内部各要素之间的关系。要真正使德育教育成果落在实处，需要依赖各方配合。德育对象应是学生群体，包括个人，但不只有个人，体育德育是以个人为对象的群体教育行为。需要注意的是，学生群体本身的复杂性也会对体育德育活动产生重要影响。此外，教师群体本身也颇具复杂性。

因此，以复杂的群体构成为对象，同时还要兼顾个体的德育活动，必然也应是复杂的综合性活动。为了使德育活动真正得到实效，就必须区分这些群体中的各个要素，并科学合理地安排每一个要素，以使其协调配合，共同推进德育活动的开展。

二、大学体育教学中德育管理的原则

“体育教学是学校德育工作开展的重要载体与抓手。”[①] 大学体育教学德育管理原则是指导学校德育管理工作的基本要求，也是德育管理经验的科学总结和概括。

（一）教育性原则

所谓教育性原则，是指将德育管理置于教育体系之下，将德育管理以教育的模式在大学中推进，尽可能地扩大德育管理的教育成果。事实上，校园中的体育德育管理已经呈现了与教育过程紧密相关的现实情况。在相当多的层面上，校园中的德育管理都体现出了校园教育特色。例如，校园德育管理会不断接到反馈，进而进行修正—实行—再接受反馈，如此周而复始，螺旋上升。这种模式与教师不断改进自己的教学方式的模式如出一辙，都非常科学。此外，就像大学教育是基于明确目标循序渐进地推进一样，大学德育管理也遵循这一途径。贯彻教育性原则，需要做到以下三点要求。

1. 充分发挥大学体育德育管理的有效性

大学体育德育管理本身也具有德育作用，应充分发挥该作用的有效性。体育德育管理的方式、目标、管理人员的行为都具有德育教育作用，因此大学在进行德育管理时，应该遵守：①管理的推进应该符合德育目标，管理应该以培养学生优秀品德、促进德育质量和

① 于铁钢. 学校体育教学中德育的特点与路径探析 [J]. 成才之路，2023（1）：32.

效果为前提。②管理者要明确管理的意义，从意识和行为上积极配合德育管理。③管理应该使用正确的管理方式、方法，防止管理变成形式主义和制约学生的手段，管理者应该端正自己的思想态度，注意自己的言行，以自身为引导和榜样开展学校德育管理。

2. 大学德育管理过程中结合制度与疏导

管理应将规章制度和说理疏导结合起来。规章制度是指通过规范管理目标、制订管理计划、规范行为准则、规范检查等方式，宏观把控德育教育的开展过程。说理疏导是指通过教育、谈话、讲座等方式，使教师和学生明确管理的目的、管理的意义，使教师和学生从意识上明确管理的必要性，从而在行动上积极配合德育管理。将规章制度和说理疏导结合，既从意识上保证教师和学生理解德育管理，又从规章制度上约束教师和学生的行为。

3. 高校体育德育管理的过程中贯穿教育

高校体育德育管理的过程中贯穿着教育的核心价值观。管理的目的在于辅助德育教育的实施，因此，无论是管理的每一环节还是每一要求，都应该以教育为出发点进行设立。管理计划、管理方式和管理实施都应该具备教育性，以确保学生的全面发展和品德的培养。

首先，管理计划在高校体育德育中起着重要的作用。管理计划应该明确规定学校体育德育的目标和任务，并制定相应的教育策略和措施。这些计划应该注重学生的身心健康发展，培养学生的集体主义精神、责任意识和团队协作能力。同时，管理计划还应该包括对学生的个体差异进行有效管理，关注每位学生的特长和需求，为他们提供个性化的德育指导。

其次，管理方式对于高校体育德育的实施至关重要。管理方式应该以激发学生的学习兴趣和潜能为核心，通过鼓励、引导和激励的方式激发学生的积极性和主动性。管理方式还应该注重学生的积极参与和主体地位，通过民主决策、合作学习和互动交流等方式，培养学生的自主学习和合作意识。此外，管理方式还应该注重培养学生的自律能力和价值观念，通过规范和约束引导学生树立正确的行为准则和道德观念。

最后，管理实施是高校体育德育管理的具体行动。管理实施应该注重教育过程的质量和效果，确保教育目标的实现。在实施过程中，管理者应该注重教师的专业能力培养和素质提升，提供良好的教育资源和条件，促进教师的教育创新和教学改革。同时，管理实施还需要关注学生的参与和反馈，倾听学生的意见和需求，不断改进管理措施，为学生提供更好的教育环境和学习机会。

（二）整体性原则

整体性就是把学校体育德育教育当作一个整体、看成一个系统，将学校体育德育教育

的各个要素，按照一定标准分类组合，建立联系，形成一个系统。从整体上处理系统的各种联系和矛盾。事物的存在都是对立统一、相互联系的。大学德育系统也不例外，德育的各个因素之间，也是对立统一、普遍联系的。所以，对德育有关的因素以及德育自身和外部之间的联系、矛盾，都应该从整体上联系解决，遵循整体性原则。贯彻整体性原则，需要遵循以下四点。

第一，将大学体育德育看成一个整体，结合社会对大学德育整体的影响，有效处理大学德育教育和社会之间的联系和矛盾。大学德育存在于社会环境的发展和变化中，德育及其管理会受到社会变化的影响。与此同时，大学德育和管理应该及时根据社会变化调整德育发展目标、发展要求、教育方法、内容和方式。除此之外，还要控制对德育造成不良影响的社会因素，更重要的是，应该培养学生良好品德来改善社会不良风气，带动社会风气良好发展。

第二，具备全局意识，将大学视作一个整体，将德育教育视为推动大学教育全面发展的重要组成部分，从整体出发，立足于全局，正确处理和管理出现的各种问题。要实现这一目标，不仅需要对大目标有清晰完整的认识，还需要根据大学的实际情况，采用适当的方法和策略，围绕整体目标展开合作，寻求共同点，容忍分歧，坚决阻止相互推诿和踢皮球的现象出现。

第三，大学体育德育工作需要整体统一指挥，各部门分工合作。首先，德育活动需要管理者具有整体思维，全方位地衡量德育活动，合理有效地组织分配工作。其次，大学需要建设有力的行政指挥体系，发挥整体指导作用，把整体德育工作合理有效地分配给各个部门。再次，各个部门要有较强的执行能力，对学校管理者分配的任务，努力贯彻执行，发挥组织部门的能动性。最后，各部门需要协调合作，共同完成德育目标，同时还要检查自己的工作，严格要求自身，与其他部门密切合作，整体提高德育的工作质量和效率。

第四，正确统筹安排影响体育德育管理发展的各要素。校园无异于一个小社会，其中的人事、财务、设施、氛围，每个因素都会对德育管理形成影响。这就需要管理者对这些因素进行统筹安排，同时兼顾不同员工、不同学生实际需要的内在诉求，积极协调，使整个校园劲往一处使，齐心协力为实现德育管理的目标努力。特别是当校园资源有限时，更要尽力做好平衡，使有限的资源发挥最大效果。

（三）民主性原则

民主性原则是指在大学体育德育教育过程中管理者应该把被管理者当作主人，发挥民主性，与被管理者共同开展学校德育管理工作。我国始终坚持民主集中制和党的群众路线工作作风，这同样适用于学校德育管理。在学校德育管理过程中，管理者应该明确自己是为师生服务的公仆，而不是主宰，切忌管理者将自己当成主宰者，应该以贯彻民主性为基础，和师生共同开展德育活动，相互促进，激发彼此的能动性，通过管理促进完成体育德育教育。贯彻民主性原则，应该做到以下四点。

第一，发扬民主精神，以群众为依托结合群众意见，开展体育德育管理工作。在进行体育德育工作的过程中，管理者应该积极主动地了解群众的意见，倾听群众的建议，并将其整理分析后合理地采纳。这样做可以依托群众的力量，改进和完善德育管理工作。为了实现这一目标，管理者可以采取一系列措施。①定期组织座谈会或调查问卷等形式，邀请师生和相关人员参与讨论，收集他们对体育德育管理工作的意见和建议；②管理者可以建立一个反馈机制，鼓励师生和其他参与者积极提出问题和改进建议；③管理者还可以利用现代科技手段，如建立在线平台或社交媒体群组，便于师生和其他群众随时随地表达意见和建议。

第二，大学体育德育管理可以吸收学生家长和社会力量。大学德育的建设离不开家庭和社会的积极影响，因此大学体育德育管理应该主动动员学生家长和社会各界的力量，共同参与管理工作。学生家长在大学德育中发挥着重要作用，他们是学生的监护人，对学生的成长和发展起着直接的影响。因此，管理者可以积极与学生家长进行沟通和合作，邀请他们参与德育管理的制定和实施过程，分享他们的经验和意见，以提高管理工作的有效性和针对性。此外，社会力量也是大学体育德育管理的重要资源。管理者可以与社会组织、专家学者、企事业单位等建立合作关系，利用他们的专业知识和资源，为大学德育管理提供支持和帮助。例如，可以邀请专家学者进行讲座或培训，组织社会活动或比赛，扩大大学德育管理的影响力和效果。

第三，大学体育德育管理应该给师生创造参与条件，师生不仅是大学管理的对象，也是管理的参与者。大学德育的开展需要师生和管理者共同参与，因此大学体育德育管理应该创造条件，让师生积极参与其中。管理者可以通过建立良好的沟通渠道和平台，促进师生之间的交流和互动。可以定期组织座谈会、学生代表会议等形式，让师生表达意见和建议，并参与决策和规划过程。还可以鼓励师生参与德育管理项目和活动的策划和组织工作，让他们有机会发挥自己的才能和创造力。此外，管理者还可以提供培训和指导，帮助师生提升管理和领导能力，更好地参与德育管理工作。

第四，体育德育管理可以积极动员学生力量，组建学生组织，实现学生之间的自我教育管理。大学生数量过于庞大，管理人员数量相对少之又少，如果想实现全面管理，必须动员学生力量，在符合管理规定的基础上，发展、建立、完善学生组织，比如学生会、共青团学生组织等。通过学生组织的建立，对全校的学生开展活动教育、思想教育，实现学生之间的自主管理，让学生成为管理的主要力量。

（四）规范性原则

规范性就是要求在大学体育德育管理中做到照章办事。当章程或规则形成后，管理

者及被管理者都要遵循既有的规定，不能逾矩。而规则本身也要体现出科学化、人性化的特征，使其能够被广泛接受而不引起普遍的反感。要做到这一点，必须要遵循以下三条内容。

1. 构建尊重规则的校园氛围

管理者应看到校园氛围对遵守规范的重要影响。校风是在长期的实践中逐步建立起来的，是浸润全校的风气。身处校园中的每个人都深受校风影响。因此，大学德育管理者应当充分认识到校风对校园行为和观点的深刻影响，充分发挥自身在校园氛围营造、校园风气形成过程中的重要作用，帮助校园形成有助于德育管理的校园风气，进而促使校园中的人自觉遵守规则，维护规则。

2. 始终坚持行为导向的原则

大学必须从规范全校人员行为入手，进行规范化教育。只有使全校师生都形成遵循规范的良好行为习惯，制度才能深入校园的每个角落。当然，规范的制定也有章可循，不同的群体有不同的遵循主体。比如教师群体，其规范主要依托于国家现有的法律法规以及国家和社会对教师的道德要求。而学生群体要遵循的规范则相对单一，主要是教育部门规定的针对学生的行为规范。只要校园里个人行为都符合特定的教育行为规范，每一项设施的每一个标准都符合国家相关建造规范和使用规范，那么行为导向原则就可以得到贯彻，促使规则化意识深入每个人的行为。

3. 建立完善而合理的制度

若要想照章办事，那么最基本的就是先确定章程，然后才有按照章程推进管理的可能。好的章程应当科学、公正、有人情味。当然，章程的确定除了要遵循一定的原则，还要遵循党和国家相关的方针和政策，遵循社会普遍形成的良好规范，遵循公序良俗，并因地制宜，积极探索适宜本校发展情况的章程。

三、大学体育教学中德育管理的实施

（一）体育德育管理的实施过程

1. 制定大学体育德育目标

在实施体育德育管理时，要确立明确的目标，因为德育管理的终极目的就是实现这个目标。在目标确立后，大学应以实现目标为基础，结合大学以及学生的实际情况制订详细的行动计划，使大学有条不紊地按照既定的步骤向目标前行。当然，在这一过程中要始终牢记，学生是德育的根本对象，对学生的理解是制定出合理德育目标的基础。不同类型的学校往往有不同的教育目标以及不同类型的学生群体，这就形成了多样化的教育目标、德育目标。

另外，对于国家和社会来说，德育目标和体育教育目标有相似之处，如何处理这些目标之间的关系就显得非常重要。在处理复杂关系时，大致要遵循一个原则：在总教育目标和德育目标的指导下，因地制宜制定本校体育教育目标和德育目标。需要注意的是，在制定本校目标时，既要立足实际也要适度超前，让目标既有可实现性又不至于毫无挑战性，由此才能激发师生的拼搏精神。

2. 明确体育德育计划

开展体育德育活动需要制订体育德育计划。体育德育计划制订的目的是贯彻党和国家的教育方针，实现德育教育。换言之，体育德育计划是大学管理者为实现体育德育目标所做的行动选择。制订体育德育计划必须合理，计划必须有实施性，应该结合大学的具体情况合理设计各个环节，确保实现体育德育目标。

（1）学期（或学年）计划。学期（或学年）计划指的是整个学期（或学年）的整体规划，应该在学期开始前制订学期（或学年）计划，其具体内容应该涵盖学生的基本情况，学习的德育任务、内容、要求，需要采取的体育德育措施和体育德育活动开展的时间安排。

（2）月（或阶段）计划。月（或阶段）计划指的是学期内每个月（或阶段）的体育德育计划，该计划制订的具体内容应该涵盖教育主题、具体活动名称、具体活动内容、活动所需准备工作，以及活动负责人、活动时间安排等。

（3）体育德育活动计划。体育德育活动计划是体育德育活动的具体规划。应该在活动开展前，制订体育德育活动计划，具体内容应该涵盖活动举办单位、举办名称、活动目的、活动形式、活动内容、活动负责人以及活动具体时间、具体地点、活动进度等。

制订大学体育德育计划需要做到三点要求：①制订体育德育计划需要结合具体情况、具体实际，要认真研究学校的类型、学生的特点、学校的教育目标。结合学校特性，制订体育德育教育计划，目的是使德育计划符合学生品德实际需求，为学生制订科学、合理、综合提升品德的体育德育计划。②德育计划需要合理安排德育工作分工，对不同部门提出不同任务、要求，并将所有任务具体落实到各个部门以及个人；除此之外，要明确工作进度，在制订计划时明确计划完成的时间。③在体育德育计划进行过程中，要经常进行监督检查，综合德育成绩，寻找德育问题，在发现问题的基础上，总结经验、吸取教训；④体育德育计划，必须要民主，要听取干部、学生、教师各方面的意见，不断地进行完善。

3. 开展大学体育德育活动

校园是体育德育教育的关键阵地，校园活动是德育教育的关键手段。因此，学校必须用有效的手段对学生进行体育德育教育，以期达到良好的德育效果。当然，开展这一活动并不是“拍脑袋”的过程，必须要在事前做好准备，同时根据实际情况的变化及时调整目标。具体而言，好的活动应当具备以下四个特质。

（1）具备明确的目标。毫无疑问，达成既定目标是衡量一个体育德育活动是否成功的根本标准。因此，德育活动的一切行动或标准都应当以达成德育目标为准绳开展，并在此基础上对涉及体育德育活动的一切因素进行考量与安排，使其能够沿着既定目标走下去。

（2）内容设计要科学。这里的科学有多重含义，既指活动必须保证有科学的方向，即顺应社会主义发展的方向，还指活动必须符合教学对象的实际情况，用科学的理论指导，并增加能够吸引体育德育对象积极参与的内容。由此，学生才能得到真正系统的体育德育教学。

（3）应该坚持德育原则，选择合适的体育德育方法和组织形式。任何活动的开展，都应该有活动原则，体育德育活动也不例外。在开展体育德育活动时，应该围绕德育原则，注意活动方向是否偏离、是否具有针对性、是否连贯一致、是否具有疏导性、是否具有集体性。除此之外，还应该注意选择体育德育方法和组织形式。在体育德育活动教学过程中，既可以采用室内的教学模式，也可以选择户外的活动模式，还可以结合多种模式开展活动。同一种活动形式可以采取不同的组织形式，可以是组织文化活动、体力竞赛，或DIY活动。

（4）过程应该组织连贯、紧凑有序。开展体育德育活动应该遵循三点：①应该明确德育动机，来开展体育德育活动。②明确德育活动动机后，应该提高对体育德育的认识，陶冶德育情操，锻炼意识意志，养成德育行为习惯，每个环节步骤间应该紧密连接，从容有序。③全面认识品德知、情、意、行，在培养过程中，侧重培养学生这四个方面，促进学生德育全方面和谐发展。

综上所述，体育德育的开展离不开明确的动机，也缺不了体育德育环节的精心设计和环环相扣。科学合理地安排体育德育过程，紧凑有序地开展，合理地协调资源与人力，可以帮助体育德育活动顺利进行。

（二）体育德育管理的检查与总结

开展大学体育德育工作、提高德育效果效率，离不开检查与总结，具体包括：①时间点的总结，具体有平时性、阶段性、学期、学年、年终性。②事项总结，具体有全面事项总结、专题性、经验性、多项性、单向性。③人员总结，具体有领导者、管理者的自我总结和检查、组织和各部门人员的自我总结和检查。在德育工作的检查和总结中，这些类型可以单独使用或综合使用。在检查与总结的过程中，需要注意以下三条内容。

第一，端正态度，明确检查和总结的目的，动员群众积极参加检查和总结，领导者和管理人员应该结合群众的检查总结，认真落实检查总结工作，拒绝形式主义。在开展检查和总结工作之前，必须确保对其目的有清晰的认识，并且能够明确传达给参与人员。这样做的一个重要原因是激发群众的积极性，让他们充分参与其中。作为领导者和管理人员，需要充分倾听群众的声音，并将其纳入检查和总结工作的过程中。同时，也要切实地将检查和总结的结果转化为实际行动，而不是停留在形式上的空谈。

第二，在进行检查和总结工作之前，应提前通知相关人员，明确检查和总结的目的和内容。这样做可以使参与者有充分的准备，并且能够针对具体的目标进行工作。在进行检查和总结时，必须坚持公平、公正、公开的原则，对于体育德育工作中取得的有效成果进行嘉奖和肯定，同时也要指出和指导存在的不足之处。这样做不仅可以激励体育德育工作中的工作积极性，还可以为今后的改进提供有益的经验。

第三，结合检查过程与总结过程，综合分析体育德育教学过程中的问题，重点是要找出问题、总结经验、吸取教训。在进行检查和总结工作时，要将检查和总结两个过程结合起来，进行综合分析。这意味着要深入挖掘体育德育教学过程中存在的问题，找出根本原因，并提出解决方案。同时，还要总结已经取得的经验，确定成功的因素，以便今后能够借鉴和复制。此外，还需要吸取教训，对于过去的错误和不足进行深入剖析，以避免重复犯错。通过这样的综合分析，可以更好地改进体育德育工作，提高教育质量。

第二节　大学体育教学中的心理健康教育

一、心理健康教育认知

（一）大学生心理健康教育的课程教学

“体育运动对于大学生心理健康具有积极的促进作用。”[①]“心理健康是‘健康’的重要组成部分，体育运动与心理健康有着密切的关系，它们互相促进、互相影响。”[②]课程教学是对大学生进行心理素质教育的主渠道，是大学心理素质教育的重要组成部分。大学生心理健康教育课程不同于大学的其他学科课程，大学生心理健康教育课程的教学内容

① 刘瑶．大学生心理健康与体育教学 [J]. 武汉冶金管理干部学院学报，2022，32（2）：90.

② 辛辉．体育学科教学中渗透心理健康教育的实践与探索 [J]. 学周刊，2023，13（13）：159.

和教学方法要体现学生良好心理素质培养的总目标。因此，探索和创新大学生心理健康教育课程建设，是大学心理素质教育的重要任务。

1. 大学生心理健康教育的教学理念

课程的教学理念是课程建设的核心，它决定了教学目标、教学内容的建构以及教学方法的选择。心理健康教育课程应当遵循的理念，主要包括以下四个方面。

（1）课程教育的重点是大学生。大学生心理健康教育课程的关注重点是学生个体。这门课程专注于培养大学生的心理健康，关注的是这些有血有肉的学生个体的内心状况。人是课程设计的起点，理论和知识都是为了更好地服务于学生个体，不能将次要的事物放在首要位置。注重个体的课程价值理念包括研究大学生心理发展的特点、大学生心理成长所需的支持以及大学生心理发展中的困惑，以学生为中心选择课程内容，并选取相应的心理学理论进行教学；注重个体的课程价值理念还包括研究学生喜欢和能够接受的教学方法，使学生真正愿意学习、享受学习过程，以便将所学内容应用于个人生活中，实现个性的完善和心理的健康发展。

（2）课程关注学生生命的成长。关注学生生命成长的积极取向为整个课程内容的立足点。从人的心理健康的发展来看，心理健康有三种不同层次的标准：①底线标准，即心理健康就是心理的非病状态。②心理健康就是良好的适应状态。③较高要求的标准，即负责任、成熟、积极的状态。目前心理健康标准大多是第二种，即心理健康就是良好的适应状态，而第三种鲜有涉及，这会使学生误认为心理健康教育是针对有心理疾病的人或易产生心理疾病的人，所以一般学生不愿积极主动地参与，因此没能起到很好的教育效果。引导人们关注和挖掘个体和群体中积极的品质和潜能，才是使人更幸福的关键，是心理教育关注的重点。

因此，心理健康教育课不管在教育取向还是在教学内容上都需要重新调整：变呈现问题、谈论危害、提出解决之道的消极应对模式为发现问题背后的意义、自我接纳、增强正向能量的积极成长模式，提倡素质和潜力的培养，激发学生的潜能，而不是问题行为的矫正。从人的心理发展来看，人的心理是不断变化发展的，处于成长阶段的大学生更是如此。他们在成长过程中会遇到各种心理困扰，但同时又具有巨大的心理潜能。

教师要相信通过心理素质教育课程的教育一定会使大学生发生积极的改变。另外，促进学生心理发展还要积极引导学生。教师的教学设计和要求要稍高于大学生现有的心理发展水平，让学生通过努力可以达到目标，体验成长的快乐，激发学生的主观能动性，不断开发大学生的心理潜能。

此外，促进大学生心理发展，需要大学生心理健康教育课程的内容、教学方法、课程风格及展现形式根据时代的发展、大学生的接受水平不断进行调整，将心理健康领域最新的研究进展、最适合学生成长的健康理念传递给学生，从而引导学生走向自我实现之路。

（3）课程激发大学生主动学习。大学心理健康教学的核心是促进学生了解自己，让学生在原有的基础上变得更加积极主动，投入生活，学会为自己负责，为自己做选择、做决定。而学生要做出这样的改变，不是靠教师的讲授和外部的灌输就可以完成的，必须经由其由内而外的心理转化才能达到。

因此，只有充分重视和尊重学生的内心世界，才能促使其去发现并接受真正的自我，学会为自己负责，并做出适合自我个性的选择。这个过程只有靠激发学生内在的主动性，让其从“要我学”到“我要学”，使他们从单纯接受者的角色转变为学习过程的主体，从接受式学习转变为发现式学习、探究式学习。激发学生的学习欲望，提升学生的学习兴趣，培养学生的创新思维和创新能力，使学生以积极主动的状态参与教学活动。

心理健康教育课程的重点在于关注个体的成长，希望通过学习这门课程，使学生在师生互动的过程中获得一段重要的人生经历，成为他们生命中有意义的一部分。一方面，关注个体的成长意味着尊重每一位学生，注重让他们积极参与课堂活动，通过体验与感悟来实现个人的成长。除了传授心理调节知识和技能，课程还致力培养学生健全的心智和健康的人格，使他们能够充分理解和体验生命的意义和生活的价值。另一方面，课堂教学在教师职业生涯中占据重要地位，学生之间的分享与互动，师生之间的互动，以及学生的疑问和反思都可能成为教师专业成长、情感升华以及体验生命价值的重要机会。心理健康教育课程让课堂充满生命的活力，成为学生和教师体验生命价值、感受自我成长并进行实践的重要平台，对教师和学生的生命成长都具有重要的意义。

（4）课程提倡回归现实的生活。心理健康教育课程如果要帮助学生获得更好的心理发展、更好的生命成长，就必须回归生活，在课堂学习时注重理论联系实际，使学生在学习后将所学的理论方法付诸实践，使自己在生活、学习上更适应，拥有幸福感。心理健康教育课程若想回归生活，就要以真实的生活环境为中心设计教学内容和教学活动，通过对大学生在生活实际中遇到的适应问题、人际关系困扰、情绪管理、生命困惑、危机事件等给予指导，帮助学生将所学的心理调适之道，应用于生活中，关注生活、体验生活，提升生活品质，成为自己身体健康与心理潜能的开发者。心理健康教育课程回归生活，就要敢于直面学生在心理发展中的热点问题。对于学生提出的热点及敏感话题，不回避，不说教，而是从关爱出发，引导学生讨论，让学生学会为自己、为他人负责，从而正确地做出选择。

2. 大学生心理健康教育的教学内容

（1）课程内容的选择原则。心理健康教育课程要从大学生实际的心理需要出发，针对他们在成长过程中可能遇到的心理困扰，整合心理学相关理论，设计适合学生身心发展

规律的教学内容，提高其心理素质及解决问题、完善自我、感受幸福的能力。为了使课程内容选择更符合教学目标，符合课程教学本身的内在规律，需要了解课程内容选择的有关知识。

心理健康相关课程内容选择原则主要包括十项：①学生必须具有相关的行为经验。②使学生在实现目标的行为中获得满足感。③使学生具有积极投入的动机。④使学生看到自己以往反应方式的不当之处，激励学生尝试新的行为反应方式。⑤学生在尝试学习新的行为时，应该得到某种指导。⑥学生具有从事上述活动所需要的学习材料。⑦学生有足够的时间学习与实践，直到新的行为反应方式成为他的一部分技能。⑧学生有机会循序渐进地从事大量实践活动，而不只是简单的重复。⑨为每位学生制定超出他原有水平但又能达到的标准。⑩使学生能够判断学习结果，在没有教师的情况下能够自学。

综上所述，心理健康教育课程内容选择原则的核心是从学生实际出发，根据学生的情况设计出让学生有更多体验的课程内容，调动学生的积极性，发挥其潜能，让学生在学习中体验到成就感，并培养其自主学习的能力。

（2）课程内容的构建特征。大学生心理健康教育课程的内容构建，主要体现在以下三个方面。

第一，整合相关理论构建课堂内容。大学生心理素质教育课程中所选用的心理学理论不是一种单一的心理学理论流派，而是根据学生的需要整合心理学的相关理论，如基础心理学、心理卫生学、发展心理学、社会心理学、心理咨询与心理治疗等理论的相关内容和观点。在这些理论的选取中，既要重视经典理论的使用，又要不断吸取国内外心理学的最新理论研究成果，从而让学生不断接收到新的信息。同时，要帮助学生认识、理解自己心理特点的形成与发展，学会在社会生活中运用它；在课程内容上，除了整合心理学的相关理论知识，还要选用相关的其他学科，如哲学、社会学、教育学、人类学等学科的相关知识，以开阔学生的视野，丰富学生的认知。

第二，以需求和应用为导引构建课堂内容。传统的专业课程旨在传授知识，根据理论知识的内在逻辑构建课程内容。然而，大学生心理健康教育课程的构建则以学生心理发展的需求和实践应用为基础。这种课程内容的搭建以大学生最需要的心理品质和心理发展能力为内在逻辑。课堂内容包括：对大学生心理健康理论的概述、培养大学生的自我意识、调整大学生的学习心理、促进大学生人际关系的和谐、管理大学生的情绪、培养大学生的抗挫折能力、调解大学生的性心理和恋爱心理、进行大学生的生命教育，以及指导大学生的职业生涯发展等。以需求和应用为导引构建课堂内容，不仅体现在课程整体内容的构建上，也体现在具体内容的构建上。这就要打破传统知识体系本身的严密逻辑性、系统完整性，选取以促进学生生命发展为目的且最适合学生应用的心理学理论和方法，让知识服从于学生的生命发展。

第三，拓展实践资源构建课堂内容。大学生心理素质教育课程注重理论联系实际，因此，它强调的是知、情、意、行的统一性，重视认知与行为改变。通过课堂内外的互动结合，把心理健康教育的内容和目标具体化为可以训练养成的行为特征，化为内部的心智操作活动，提升心理品质，完善人格结构，让学生在活动实践中亲身体验，获得成长与发展。因此，在课程内容上，要密切联系大学生的实际，设计相关的实践活动，如案例分析、心理训练等；课程内容既要配合课内教学，也要安排学生实践。例如，学生自信心训练、人际沟通、情绪自我调节的训练作业，设计、组织、参与学校、班级的心理健康教育活动，为社会提供心理服务等。

3. 大学生心理健康教育的教学方式

教学方法服从于教学目标，是教师为达成教学目标而搭建的教师的教与学生的学之间的桥梁。它不仅涉及教师如何教，也涉及学生如何学和怎样真正学。为使大学生心理健康课程真正帮助学生在学习并掌握心理健康知识的基础上，将其运用于自己的学习生活中，形成良好的心理素质，提高心理发展的技能，就必须改革传统的教师单向向学生灌输理论知识的教学方法，探索新的教学方法，主要包括以下四个方面。

（1）动态生成式教学。动态生成式教学是指根据学生实际情况在课堂上灵活调整或改变预设的教学计划，以满足学生的问题和想法，并使课堂保持动态和不断生成的过程。为了促进师生的成长，必须将师生的教学活动视为不可分割且相互关联的有机整体，将教学过程视为师生共同参与、沟通和合作的活动，旨在实现教学任务和目标，产生相互影响，并以动态生成的方式推动教学活动的进行。

在心理健康教育课程观中，非常重视课程的动态生成性。根据大学生在实际生活中遇到的问题，生成相应的教学内容，并通过师生之间的互动、体验和分享，提高大学生的心理保健意识，培养他们解决家庭生活、学校生活和社会生活中各种困扰的能力。

动态生成的生态课程观并不是不需要预设成功，即提前备课，顺利完成教学计划。预设是有效教学的基础，因为教学是一个有目标、有计划的活动，教师必须在课前对教学任务有一个清晰、理性的思考与安排。只有事先预设教学内容、教学设计，进行备教材、备教案、备学生，才能更好地在课堂发挥教师的主导作用和学生的主体作用，提高教学效率。因此，心理健康教育课程要将动态生成和预设成功有效地结合起来。教师根据大学生在生活中可能会遇到的问题做好充分的预设和充足的准备，这样才能对整个课堂有更强的掌控力；同时，要适时关注课堂生成的新问题、新内容、新方法，体验师生之间、生生之间思维碰撞、心灵沟通、情感融合的生命活动历程以及随之而来的意外收获。

（2）学生实践式教学。行动学习注重培养学生在行动实践中解决实际问题的能力。大学生心理健康课程是应用性课程，必须注重引导学生参与解决自身心理问题的能力，

让学生学会运用心理学理论帮助自己成长，使学生成为学习者和实践者，将理论应用于实际。

引导学生行动实践可以在课堂上或课后进行，让学生反思并提出自己或大学生群体困惑的心理问题，然后小组研讨解决方案，个人再按照这一方案实施，在实践一段时间后，再进行个人和小组的总结反思，最后在全班组织分享报告。这种方式能够使学生在学中用，在用中学，将普遍的理论方法沉淀为心理素质，内化为自身的心理发展能力，如人际交往、情绪管理的能力等。

引导学生行动实践还包括引导学生在课外参与并开展各项心理素质教育活动，如参与组织心理社团，担任朋辈辅导员、心理委员等，组织班级和学校的心理素质教育活动，让他们在这些实践中运用所学，向同学普及宣传心理健康知识，帮助同学健康成长。同时也组织他们参与社会心理服务活动，让他们通过参加实践，培养他们的人际沟通能力、理解他人的能力、调控自己情绪的能力，并在与他人的互动中学会认识自我、完善自我。

（3）体验内化式教学。大学生心理素质教育课程不是为了让学生记住多少心理学的理论与方法，而是让他们将这些理论和方法内化为自我的认识，再由认识转化为完善自我的行动。当代建构主义倡导的体验式教学为人们提供了一种体验内化的教学方法。体验式教学强调“体验”，即从个人经验中感悟和理解，它既是学习的过程，又是学习的结果。体验式教学指教师通过在教学过程中精心设计活动和情境，让学生通过体验、观察、反思、分享、理解并建构知识，提高能力，并把知识运用到现实中去。建构主义认为，学习不是从外界吸收知识的过程，而是学习者建构知识的过程。每位学生都在以自己原有的知识经验为基础建构自己的理解。在具体操作层面上，体验式教学主要包括以下三个方面。

第一，创设体验情境。创设体验情境是指在教学过程中创造一系列情境和活动，以促进学生的参与和体验。在大学生心理健康课教学中，常常采用各种体验活动来帮助学生更好地理解和应用心理学知识。这些活动包括冥想、案例分析、心理测试、电影（视频）赏析等，旨在通过设置具体的活动情境，让学生积极参与其中，并从中获得实际经验。

冥想是一种通过内心冥思静观来达到宁静和平衡的活动。在心理健康课中，教师可以引导学生进行冥想练习，让他们闭上眼睛，专注于自己的呼吸和内心感受。通过冥想，学生可以体验到思维的流动、情绪的起伏以及内心的平静，从而更好地认识和管理自己的情绪。

案例分析是一种通过研究和分析实际案例来理解心理问题和解决方法的活动。教师可以选取一些真实或虚构的案例，让学生在小组中进行讨论和分析。通过案例分析，学生可以从实际情境中了解心理问题的复杂性，培养问题解决的能力和专业思维。

心理测试是一种通过测量和评估学生的心理特征和行为倾向来促进自我认知和个人成长的活动。教师可以选择适当的心理测试工具，如人格测试、兴趣测验等，让学生了解自己的个性特点、兴趣爱好以及潜在优势和困扰。通过心理测试，学生可以增强自我意识，认识自己的优势和不足，为个人发展和职业规划提供参考。

电影（视频）赏析是一种通过观看和讨论电影或心理相关视频来促进学生对心理问题的理解和思考的活动。教师可以选择一些与心理主题相关的影片或视频片段，引导学生观察和思考角色的行为、情绪变化以及心理动机等。通过电影赏析，学生可以拓宽视野，理解不同的心理体验和人际关系，培养同理心和跨文化交流的能力。

第二，观察反思。观察反思是指学生在情境中感知、观察、体验、思考，这是一个内在发生的过程。学生进入教学情境活动之后，为了让他们对经验有更深的体验，教师对其进行引导，丰富他们的生命体验，促进其觉察与反思。教师可以就事实和感受两个层面对学生进行引导。教师注重引导学生在互动活动中关注自己和他人的感受和体验。学生就会从对这一具体活动的关注中产生对课程内容的兴趣，继而激起热烈的情绪而投入课堂学习中，学生也会把这一具体情境的体验性学习带入生活中的各种情境，从而学会观察生活、观察自己、观察他人，感受生活、感受自己、感受他人。他们会从生活中学习改变与成长。

第三，总结提升。总结提升是将学生所获得的体验、觉察、认识，用心理学的理论来引导思考和分析，形成新的人生经验。总结提升是把以前自己得到和分享交流中获得的片段而零散的新体验、新感受、新认识进行统整、提升、赋予新意义的过程。这个过程很重要，例如，学生在分享了用表情、动作进行交流时的感受后，总结出了“非语言是人的内心表达”“敏锐的观察可以增进人际交往”“语言表达可以直接交流，避免误解”。这一阶段可以采用学生的自我总结、学生团体总结和教师总结的方式。

（4）现代网络化教学。随着现代网络科学技术的发展，大学生使用网络的普遍性提高，网络平台延伸了课堂教学与学生之间的沟通，弥补了大班教学、课时有限等问题的不足。采用网络的方式符合学生的使用习惯，把课程带到网络的同时也将其带到学生的实际生活中。由于网络的隐匿性和去束缚性等特点，在班级课堂上表现不出众的学生很可能在网络上很受欢迎，这样的形式对于发现并鼓励这部分学生具有极其重要的意义。学校可以充分利用学校现有的网络学习平台，并且通过微信、邮件等形式提高学生对课程的参与程度。因此，运用现代网络技术进行大学生心理健康课程的教学，既可以使教学方式更为现代，拓宽教育渠道，也可以拓展教育资源，同时这也符合大学生的心理特点，从而提高课程的教育效果。利用网络平台进行心理健康课程的方式，主要包括以下三个方面。

第一，拓宽教学内容范围。尽管课堂教学时间有限，但建立网络资源库可以提供更多资源，以满足学生进一步学习的需求。教师应及时更新资料，并在学校的网络学习平台上发布，使其成为一个丰富的教学资料库，供学生浏览和下载。

第二，利用网络答疑疏导。为了更紧密地与学生联系，教师可以利用网络答疑和疏

导的方式。这可以通过邮件或微信平台实现，同时也为心理健康教育课堂提供了另一种网络途径。为此，教师可以创建一个专门的公共邮箱或微信群，并在开课前公布这些联系方式，以便学生进行沟通和联系。通过邮件或微信，教师可以回答学生的个别问题，提供答疑或心理辅导，并及时帮助解决一些同学面临的具体问题。

第三，建立能力导向考核体系。大学生心理健康教育课程的目标是培养学生良好的心理素质，培养学生心理自我调节、自我完善、自我发展的能力，因此，要围绕这一目标，建立以能力考核为核心的课程考核与评价体系。

以能力为核心的考核评价体系是一个多维的综合体系，通常包括的因素为：①出勤情况。课堂出勤表明学生的学习态度，在考核中占一定的比例。②课堂参与互动情况。考核学生参与课堂互动的主动性，以及其发言的质量，看其是否真正积极、主动地投入学习，而且获得了领悟与成长。③平时课后实践作业，包括文本或视频等，考察其学以致用的情况。④课程结束时的卷面成绩。通常这样的考试是开放式的，让学生就学习的某一课程内容专题，从理论联系实际谈自己的理解和运用。这样既考察了他们对理论知识的学习和理解，也考察了他们实际运用的情况。这些考察成分的权重侧重于课堂互动和实际应用。

以能力为核心的考核评价体系的作用包括两点：①培养学生为自己负责的学习观，使其认识到学习是为自己学，是增强自己、完善自我、发展自我的能力，满足自身适应社会所应具备的心理素质和能力，激励学生内在的学习动机。②培养学生学以致用的能力。通过考核，激励和培养学生将所学的心理健康的理论和方法运用于自己生活、学习的实际，让他们动手、动脑，在“做中学”，在参与活动中锻炼自己的能力。例如，在以能力为核心的考核评价体系中，将学生课堂参与讨论、发言情况，课后围绕课程内容完成的文本作业、视频制作等，或者是自我反思作业等纳入考核，使学生注重日常学习的学习态度和学习习惯，而不是只关注期末的最后一次考试。此外，以能力考核为核心的课程考核与评价体系也为学生建立了训练、展示自己能力的机会，搭建了一个实践平台。

（二）大学生心理健康教育活动的开展

1. 心理健康教育活动的实施原则

为了使大学心理健康教育活动开展得更有效，使活动更能切合大学生的心理特点，满足大学生的心理成长需要，发挥心理健康教育的功能，在设计及实施心理健康教育活动时注意以下四项原则。

（1）活动设计的开放性原则。心理健康教育活动的开放性表现在以下两个方面。

第一，形式上的开放性。在形式上，心理健康教育活动可以向不同的对象开放，尽可能地将能够促进大学生心理素质提升的资源整合起来，主要包括三个方面：①向校内开放。以班级集体活动为例，既向同年级开放，又向其他年级开放，这样既可加强班际联系，又可促进集体活动质量的提高。为此，可设计为兄弟班联谊、手拉手年级竞赛等。②向家庭开放。活动可以延伸至家庭，请家长也来参加。有时家长忙，不便参加活动，则可请家长献计献策，指导学生搞好活动，这样做既得到了家长的帮助和指导，又促进了家长对心理健康教育认识的提高。③向社会开放。走向社会，既能提高学生参与活动的兴趣，又可引导学生正确地认识社会。因此，在设计争取社会力量配合的活动时，可采取“请进来”“走出去”的方法，或者请先进人物来校来班做报告、座谈，或走出去调查、参观、访问、提供社会服务等。

第二，内容上的开放性。内容上的开放是指在设计活动时要善于从学生的学习、生活实践中选材，主要包括两项内容：①从平凡的生活中挖掘活动素材。作为活动设计者，应做到独具慧眼，对生活中的小事深入开掘、巧妙策划，设计出相应的活动。例如，“寻找最美的笑容”摄影活动，就是通过收集笑容的照片，促进学生发现生活中的美好。②从周围的环境中寻找活动素材。学生总是生活在一定的社会空间里。每一个社区都有自己独特的自然风光、风土人情和悠久历史，个中蕴含着丰富的教育资源，只要能因地制宜、有的放矢地选择，就可以找出相应的活动内容。

（2）活动设计的主体性原则。心理健康教育活动的目的是提升学生的心理素质，是以学生为主体的，在设计及实施心理健康教育活动时，一定要尊重学生主体的需要，主要表现在以下三个方面。

第一，活动内容设计贴近学生需求。为了激发学生的主动性和参与性，心理健康教育活动的内容应该与学生的心理发展水平和特点相适应。学生的心理素质发展需要建立在他们目前的身心发展水平基础上。同时，每位学生对于客观和主观世界的认知方式和行为方式都受到已经形成的思维模式和行为习惯的影响，表现出独特的个体特征。因此，在进行心理健康教育活动时，活动内容必须考虑到不同年龄阶段学生的心理发展水平和特点，只有这样才能激发他们的积极性并促使他们积极参与其中。

第二，充分调动学生积极参与活动。充分调动学生参与活动的独立性、能动性和创造性，让每一个学生都成为活动的积极参与者。在活动过程中，教师只能起指导作用，不能包办代替。要注意防止两种倾向：①对活动插手过多，学生失去了自主性，只能按教师意图行事，最终失去对活动的兴趣。②将活动看成是学生自己的事而袖手旁观，听之任之，这实质上是一种不负责任的表现。教师既要确定学生在活动中的主体地位，又不能放弃自己的主导作用。

第三，充分体现学生自主性。学生在心理健康教育活动中的自主性主要表现在两个方面：①活动方式选择的自主性。要允许学生凭自己的经验、兴趣去选择自己认为最好的活动方式；或者在主动参与中获得成功，从而掌握某种经验；或者在协同参与中获得兴趣，

从而认识了探索的价值；或者在被动参与中得到启发，从而获得某种情感体验。教师的主要任务是让每一个学生都能自主地参与活动。②活动过程中主体的自主性。心理健康教育活动是一种由下而上的活动，所以，教师应将那些自上而下的指令更多地转化为在与学生平等参与中的渗透。只有当学生感到教师也在与他们一起平等参与，没有感受到压力时，才能从活动中获得最大的情感体验，才能最大限度地发挥自己的潜能。

（3）活动设计的有效性原则。为了使活动有效，在设计心理健康教育活动时，要能针对学生的实际来设计活动。例如，针对刚入学的大学生，开展新生班级辅导活动，促进学生更快融入大学校园。而且，设计时要考虑所设计活动的可操作性。为此，要注意活动规模不宜太大，活动节奏要适度。比如，针对失恋者的团体辅导应以8—10人的小团体、连续多次的活动为宜；而新生班级辅导则可以在几十人的班级中开展，并且一次2个小时的活动就会收到较好效果。

（4）活动设计的系统性原则。学生心理素质的提升并非易事，而是一个系统性的工程。在设计心理健康教育活动时，需要注意内容的系统性，将单个活动组织成系列活动，具有明确的目标、鲜明的主题和丰富的内容，以确保全体学生都能接受到深入的心理健康教育。同时，还应关注学生在知识、情感、意愿和行为等方面的全面发展。举例而言，在学生刚入学时可以开展新生班级辅导活动，帮助他们适应新环境；在大二和大三时可以组织自我探索和职业发展的活动，帮助学生确定自己的职业方向；在大四时可以提供求职辅导，以帮助学生顺利融入社会。

2. 心理健康教育活动的类别划分

（1）依据活动人群范围划分。

第一，个人层面开展活动。在个人层面开展的心理健康教育活动主要是面向个体开展的，注重个体在活动中的体验及参与，旨在提高个体的心理健康意识，增强个体对自我的认识、理解和接纳，提升心理适应能力。如心理专题讲座、现场心理咨询、心理测试、心理电影赏析、心理读书会、心理对对碰、微博短故事征集大赛等活动。

第二，宿舍层面开展活动。宿舍是大学生学习、生活、休息、社交的重要场所。宿舍人际关系是大学生的一种特殊的人际关系，一个宿舍的成员大多是同一个班级或年级的同学。一方面，距离的优势为大学生之间的交往创造了频繁接触、相互熟悉的环境；另一方面，距离的邻近也影响着相互之间的利害关系。由宿舍成员共同营造的宿舍文化氛围潜移默化地影响着大学生世界观、人生观、价值观的形成和水平。大学宿舍人际关系如何直接影响着大学生的心理健康与成长。以宿舍为单位开展心理健康教育活动对大学生的个性塑造、心理健康具有深远的意义，它不仅可以减少宿舍矛盾和冲突，促进宿舍成员之间的理解和接纳，而且可以营造温馨和睦的宿舍氛围，增强归属感，从而促进个体情绪管理能力、人际交往能力等心理素质的提升。在宿舍层面开展的心理健康教育活动主要有：幸福宿舍评比、宿舍团体活动、宿舍心理微电影等活动。

第三，班级层面开展活动。大学中的班级是大学生活的基本单位，是学校、学院开展工作的终端，是大学生共同学习、共同生活的基础。因此，在班级中开展心理健康教育活动可以促进班级凝聚力的提升，增强同学的归属感，促进个体情绪管理能力、人际交往能力等心理素质的提升。在班级层面开展的心理健康教育活动主要有：心理班会、班级心理健康知识竞赛、优秀班级活动评选等。

第四，校园层面开展活动。校园文化是社会文化的重要组成部分，也是一种独特的社会亚文化。它在大学校园中具有多重功能，包括育人、导向、娱乐和辐射功能。心理素质教育活动则是构建良好的心理生态环境的重要组成部分。为了实现这一目标，在全校范围内进行心理健康教育宣传和实践活动至关重要。一方面，可以充分利用报纸、网络、广播、电视等宣传渠道，全面宣传心理健康知识，营造积极健康的文化氛围；另一方面，通过举办心理素质拓展活动、心理情景剧表演、心理团体辅导等校园活动，在整个校园范围内营造特定的心理环境和氛围。由于这些活动的广泛参与，更多的学生能够了解和掌握心理健康理念，他们会在有意或无意间受到教育。这对于培养学生积极心态、乐观向上的生活态度以及建立和谐人际关系产生综合影响至关重要。通过日常的心理健康知识普及和宣传教育，大学可以创造一个良好的校园心理文化氛围，帮助学生健康成长。

（2）依据活动组织时间划分。

第一，日常性心理健康教育活动。日常性的心理健康教育活动指不受时间限制，大学开展的心理健康教育宣传活动，主要有心理报刊、心理橱窗、心理网页的宣传，心理讲座、团体辅导活动、各种志愿者活动的开展等。这些活动没有时间限制，根据学生需要随时开展。日常性的心理健康教育活动可以随时让学生学习到心理健康知识，起到对学生的心理教育不断重复、不断强化的作用，日积月累，润物无声，使学生逐渐增强心理健康意识，学会关心自我和他人的心理健康，学会自助与助人。

第二，集中性心理健康教育活动。集中性的心理健康教育活动指大学在限定的时间内，集中组织的系列心理素质教育活动。集中性心理健康教育活动的好处是能够形成一种宣传教育的强大影响力，如果在同一时间段内进行丰富多彩的心理教育活动，能够引起学生更大的关注，引发学生积极参与的兴趣。

（3）根据教育途径划分。

从教育的途径来划分，心理健康教育的宣传活动可分为实体的宣传教育活动和网络宣传教育。

实体的宣传教育途径包括创办心理健康教育宣传报刊、心理宣传橱窗、电视、广播

等。各大学都有自己的心理健康教育宣传报刊。这些报刊一般都由学生自己编写，内容主要是宣传心理健康知识，介绍大学生心理调节的方法、大学生常见的心理问题、心理危机识别知识等。由于这些刊物由同学自己编写，内容贴近大学生的心理需求，编写形式图文并茂，很受大学生的欢迎。宣传橱窗、学校电视和广播也是宣传心理健康知识的重要渠道。

网络宣传包括学校或大学生心理社团建立的心理健康网站或网页，心理沟通的微博、手机微信平台，学校可以通过这些网络媒体宣传心理健康知识，搭建同学心理沟通平台，疏导大学生的情绪，发展健康心理。随着现代网络技术的发展，网络由于具有快捷性和方便性的特点，被大学生喜爱和广泛使用，运用网络途径进行心理宣传教育也越来越成为大学广泛采用的教育形式。

（4）根据活动形式划分。

在实践中，大学教师和大学生创新了许多大学心理素质教育活动形式，主要包括以下五个方面。

第一，心理素质拓展训练。心理素质拓展训练是一种基于体验式学习的活动方案，它结合了教育学、心理学和组织行为学等相关学科的成果，专门针对社会需求和学生身心特点进行设计。该训练旨在通过模拟自然环境，让学生参与设计的活动项目，面对挑战激发个人潜力和团队凝聚力。在活动结束后，学生将进行回顾、反思和交流分享，以加深对自我和团队合作的认识和领悟。这种训练活动的目标是将所获得的认知和积极体验迁移到日常生活中。

心理素质拓展训练借助于拓展训练的设施，由专业的素质拓展培训师带领，运用团体心理辅导技术、心理素质拓展训练技术，设计各种形式的富有挑战性和探索性的素质拓展训练课程和活动项目，对学生进行素质拓展训练。学生在训练中通过体验式的培训，达到激发潜能、提高团体的凝聚力，学会相互信任、分享情感、与人合作和相处，学习认识自我和接纳自我，提升自信，学习解决问题和正确决策的技巧、学会承担责任，开发个人潜能、增强领导思维和协调意识。

总之，心理素质拓展训练让学生在轻松快乐的氛围中提升了心理素质。大学在组织心理素质拓展训练中，要注意运用团体心理辅导的理论和方法，不能仅是组织学生进行体育活动和娱乐，如果把心理素质拓展训练等同于体育锻炼和娱乐活动，就会偏离心理素质教育的目的。

第二，心理讲座。心理讲座是大学常用的、最普遍的心理素质活动。心理讲座的组织一般是由教师调查大学生的需求，根据大学生的需要邀请校内外专家就大学生最关注的话题讲解相关的心理健康知识，对大学生的心理发展进行指导。例如，大学生自信心的培养、大学生的人际沟通与人际交往、大学生的情绪管理、大学生的恋爱心理等。此外，也会有心理危机的识别与预防等专题。许多大学都有“心理大讲堂”活动，每月举办一次专家讲座。

第三，心理健康知识竞赛。心理健康知识竞赛是普及心理健康知识的一项活动。这项活动的重点并不在于比赛的结果，而是大学生们在准备比赛过程中学习心理健康知识。在比赛前，教师把大学生应知应会的心理健康知识和最常用的心理调节方法编制成小册，发给大学生学习，如心理健康的标准、认识自我的方法、情绪的种类和情绪调节的方法、人际交往的作用和人际交往的原则和方法等。在此基础上，编写出竞赛题目。通常竞赛题分为基本知识理解题和实际应用题。实际应用题是让学生运用心理学的理论与方法解决大学生常见的心理问题。实际应用题既考查了他们对心理调节方法的掌握，也让他们学会用这些方法帮助自己和他人维护心理健康。

大学生心理健康知识竞赛不仅包含了常见的心理疾病和心理危机的辨识，还有心理危机预防和干预的步骤，旨在普及心理危机预防和干预的知识。比赛中通常还会涉及宣传学校心理咨询机构的问题，如心理咨询中心的位置和联系电话。通过让大学生了解这些信息，并学会主动利用学校心理咨询资源，能够帮助他们在心理上得到成长和支持。在充分学习和准备之后，会进行初赛、复赛和决赛等阶段。这一层层比赛的过程是进一步加强对心理健康知识学习的过程。心理健康知识竞赛是一项融合了学习、竞争和趣味的活动，旨在普及心理健康知识。

第四，心理情景剧。校园心理情景剧是广受大学生欢迎的一种新型的心理素质教育活动形式。心理情景剧是大学生在教师的指导下，运用心理剧的基本原理和方法，将大学生自己在学习、生活中遇到的一些心理冲突及其解决方案自编、自导、自演成为情景剧，再现校园生活中类似的情景和经历。例如，大学生活中常见的宿舍人际冲突的解决、恋爱中各种情感矛盾的处理、大学新生不适应的解决等。由于心理情景剧是由大学生自编自导，心理剧的素材来源于校园现实生活，内容反映的是大学生的生活实际，更容易引起学生的共鸣，也更易被学生接受。

在校园心理情景剧的编排过程中，参与者不断地再现情景和体验各角色的感受，尝试不同的解决办法，同时与同伴交流、分享，形成解决方案，也受到了实际的教育。舞台上的投入表演使他们展示了个性及表演才能，提升了自信。在排演的过程中，他们不断调整着个人与他人的关系，相互合作、相互配合，增进了彼此的了解和交往；排演过程中的反复训练磨炼了他们的意志；尤其是许多大学举办的班级心理情景剧比赛，把班级建设和心理情景剧的编排、演出结合在一起，调动了全班同学的积极性，增进了同学的相互了解，增强了班级的凝聚力。

大学在运用心理情景剧进行心理素质教育的过程中，要注意正确处理教育性和艺术性的关系。与专业的演出相比，大学生心理情景剧更注重内容的教育性，注重反映大学生

常见的心理冲突的出现及解决，而非表演技巧本身。自然，如果教师对学生进行表演技巧指导，提高学生的表演能力，能够更好地表现教育内容本身，会收到更好的教育效果。但是，从心理素质教育的目的来看，教育内容是最重要的，表演才能是次要的。

第五，团体辅导活动。团体辅导活动利用团队活动作为媒介，通过成员之间的互动，在交往中观察、学习和体验，帮助他们认识自我、探索自我并接纳自我，以调整和改善与他人的关系，学习新的态度和行为方式，从而更好地适应生活。团队辅导活动的目的是将活动本身作为情境，使学生通过参与活动获得经验、领悟和理解，实现心理成长。这些活动本身的趣味性和新鲜感能够吸引学生的参与，激发他们积极参与的兴趣。在参与游戏的过程中，学生远离成人式的逻辑思维，回归到自然状态，凭借兴趣和直觉行动，他们可以进入无意识状态，从而更好地认识自己内心真实的需求和心理特点，实现对自己更深入的了解。

学生在共同参与活动的互动中，又会通过对别人的观察、了解，透过别人的反馈，学习别人的积极品质和能力，完善自己的不足，获得自我的完善和提升。团体辅导活动可用于各种主题的心理健康教育。教师要有意识、有目的、有计划地选择、设计、构建适合于教育目的、教育内容的活动。例如，自我认识、人际交往、情绪管理、压力管理、生命教育等。这些活动中蕴含着心理教育的内容，学生在参与中能够通过对自我和他人的观察和体验，达到对自己和他人的新认识，从而调整自己的行为，达到自我完善、自我成长。

活动选择宜精不宜多，使用活动不是单纯为了让学生有兴趣，重要的是让学生在游戏活动中体验，活动后的分享讨论是重点。教师要充分挖掘游戏中蕴含的心理教育因素，结合学生的讨论，学习相关的心理学理论，使学生在玩、做、乐中理解和掌握心理学的理论与方法。当团体领导者机械性地使用活动时，活动就成了玩游戏。不加区别地使用活动会增加团体的抗拒程度。

团体辅导活动不是学生游戏的带领者，也不是为了仅用活动来使学生放松和快乐，它的主要目的是让学生通过活动的方式更好地理解和掌握心理健康知识，获得心理的成长。其中，团体辅导活动的带领教师起着重要的作用。因此，在带领团体辅导活动时，教师首先要准备好自己，保持自身的心理健康，还要具备团体辅导的技能。这些技能既包括对心理学理论和知识本身掌握和运用的技能，也包括团体辅导所要求的独特的技能。

3. 心理健康教育活动的实施要点

如何实施心理健康教育活动，是提高活动质量、保证教育效果的重要环节。为了提高学校心理健康教育活动的实施效果，结合实践经验，应该注意以下四个方面的问题。

（1）把握活动实施的时机。对学校心理健康教育活动开展而言，有一个捕捉时机的问题。在最佳的时机开展活动，可以使学生在活动中保持饱满的情绪、浓厚的兴趣和高度集中的注意力。因此，当时机未到时，要善于等待；当时机出现时，要及时捕捉；面对错过的时机，要善于迂回。只有这样，心理健康教育活动的效果才能在质上得到保证。所谓把握时机，主要包括以下四个方面。

第一，新的生活开始时。大学生具有高度的感知能力，容易受到外界事物的暗示和影响。当他们面对新的事物、新的景象或新的生活环境时，这种刺激对他们来说是非常强烈的，往往会引发他们的好奇心和求知欲。教师可以利用这一特点，在新学期开始时，通过与新教师、新同学的接触和交往，或者引入新的景象和活动，开展心理健康教育活动，以帮助学生适应新的生活环境，并增强他们的自信心。

通过与新教师的接触，学生可以获得新的知识和经验，同时建立起良好的师生关系，这有助于他们积极参与学习并提升自己的学术能力。与新同学的交往则能够促进学生之间的相互了解和友谊的建立，培养他们的社交能力和合作精神。同时，当新的景象涌现时，如校园环境的变化或新的校园活动的开展，学生会对这些新鲜事物产生浓厚的兴趣，从而激发他们主动参与其中，丰富自己的学习和生活经验。

第二，享受成功的喜悦时。当学生经过不懈的努力取得成功时，他们的内心充满了激动和喜悦，同时也增强了自信心。这是一个理想的时机来开展适当的心理健康教育活动，以引导学生在享受成功的喜悦的同时提出更高的奋斗目标，并鼓励他们为了取得更大的成就而不断进取。

在这个关键的时刻，大学可以组织一系列的心理健康教育活动，旨在帮助学生深入了解自己的成功，以及背后的努力和付出。通过分享成功的经验和故事，可以激发学生的斗志和雄心，让他们明白只有通过持续的努力和奋斗，才能实现更大的目标。

此外，大学可以提供一些实用的技巧和策略，帮助学生设定更高的目标并制订有效的计划。引导他们探索自己的潜力和兴趣；并提供支持和指导，以帮助大学生迈向新的挑战和更高的成就。

第三，遭遇困难和失败时。人在遭遇困难最需要别人的理解和支持。抓住这一时机开展心理健康教育活动，教育学生正确地面对困难和失败，帮助他们树立信心，鼓励他们以实际行动去战胜困难，必将有助于他们战胜挫折、走向成功。

第四，产生浓厚的兴趣时。当学生对某种事物或某项活动产生兴趣时，就会产生一种积极探求的内驱力，主动、自觉地投入其中，直至取得成功。所以，当学生产生浓厚兴趣时，教师要抓住机遇，及时组织活动，使学生能长久地保持兴趣，并使学生的兴趣循着“有趣—乐趣—志趣”的轨道发展。

（2）精心准备相关活动。除应有较好的设计方案外，还必须认真准备，准备得越充分、细致，就越能取得预期的效果。准备工作包括以下两个方面。

第一，心理准备工作。心理准备工作对于心理健康教育活动的顺利进行至关重要。活动的成功与否取决于学生参与的人数和程度。参与人数越多，参与程度越深，活动的成功

率就越高。因此，作为教师，首要任务是让学生做好心理准备，并激发他们的参与意识。在指导学生做好活动准备时，教师需要留心观察，仔细分析，并理解每位学生对活动的态度。针对那些持消极观望态度或带有不满情绪的学生，教师应有针对性地激发他们的参与意愿。对于那些没有被分配到具体任务的学生，教师应设法让他们参与其中，让他们有具体的事情可做。

第二，物质准备工作。物质准备工作主要是指把活动要用的东西及时准备好。由于活动所需的物质条件在设计方案时已周密考虑过并交代学生去具体落实，因此，教师此时应按其重要程度和困难程度逐一检查落实，诸如活动的具体地点、活动的环境布置、活动所需的器材、活动所需的技能技巧等，都要逐一过问。总之，在活动准备阶段，教师要善于把自己的心理健康教育的要求和打算转化为每一个学生自我教育的愿望与要求。教师要通过启发和引导，充分调动和发挥每一个学生投身于准备工作的主动性和积极性。

（3）认真地实施具体互动。教师在具体进行活动时，要做到以下五个方面。

第一，再次检查工作。再次检查准备工作的重要性不可忽视。通过仔细检查活动所需的材料、设备和资源，教师可以提前发现潜在问题，并采取必要的措施进行修正。这种预防性的准备工作有助于减少活动中可能出现的困难和障碍。而如果教师忽视了再次检查的重要性，可能会导致活动的不顺利进行，给学生和教师本人带来麻烦和压力。即使在再次检查中发现了不足之处，教师也应保持冷静和耐心。责怪学生不仅不会解决问题，反而可能加重学生的困扰和挫败感。作为教育者，教师的责任是支持学生，并提供必要的帮助和指导。在面对困难时，教师应积极与学生合作，找到解决问题的方法，鼓励学生相信自己的能力，并努力使活动取得成功。

第二，亲临活动现场指导。教师要自始至终亲临活动现场，不能以任何理由缺席。教师亲自参与活动表明了其对活动的重视，对学生也是一种鼓舞。当然，教师只能以普通参与者身份出现，不能干预主持人的工作，不应随意改变活动主题、进程，不应随便插话和打断学生的讨论与发言，不可于活动中途发表评论。教师如要发言，必须得到主持人准许；如活动偏题，只能通过主持人以建议的方式加以引导。总之，教师要明晰其在学生中的特殊地位，因而需要谨言慎行，以免对学生的心理发生不良影响，干扰活动的正常进行。

第三，辅导学生主持活动。在学生主持活动之前，教师的职责是帮助他们进行充分的准备，确保他们认真而细致地了解活动的内容和流程。同时，教师应该鼓励学生勇于担任主持人的角色，并学会在临场时灵活应对。在活动进行中，教师可以通过口头和非语言的方式来给予主持人指导、提示和鼓励。然而，这些干预应该适度，过多的干预可能会让主持人感到无所适从，从而对活动的效果产生不利影响。

第四，慎重处理突发事件。尽管事前考虑十分周密，但临时不免有意外事情发生。一旦出现了意外，教师应处变不惊。这既能显示教师的机智，也是对学生进行现场的心理健康教育。总之，对意外事件的处理应及时、彻底，以确保活动继续进行。

第五，坚持全程有效指导。在活动过程中，教师在指导活动全程方面要做到四个方面：①充分发挥学生干部和骨干分子的积极性和创造性，把他们推到主人翁位置，自己组织、自己主持，教师只是从旁参谋、辅导，帮助他们取得成功。②充分发挥每一个学生的个性，使学生在活动过程中人人有岗位，个个有任务，人人有角色，个个做贡献，要注意协助学生机动灵活地安排活动顺序，把握活动进程。③充分发挥教师本人的主导作用，注意引导每位学生紧紧围绕活动主题，用自己的语言来表达自己所思、所想。④仔细观察和记录活动的过程，对学生的情绪、意志、兴趣、爱好、性格等都要清清楚楚地记录，以便发现某些教育契机。

（4）进行活动的总结工作。总结是对活动进行一次认真的回顾，肯定成功方面，找出问题和不足，吸取教训，明确今后的努力方向，找出规律性的认识。总结的要求主要有以下两个方面。

第一，明确目的，端正态度。总结的目的是更好地教育学生，因此，总结者更应坚持实事求是、认真负责的态度。只有这样，才能在客观、实际的基础上寻到规律性的认识。

第二，语言准确、行文简明。总结是一种应用文体，语言表达一定要准确，不能模棱两可、似是而非。总结的结构要严密，层次要清楚，例证要确凿，行文要简明。

二、体育教学与心理健康教育的渗透

（一）体育教学中进行心理健康教育的必要性

1. 为学生心理健康创造良好的物质基础

在体育教学中，心理健康教育起着至关重要的作用，它为学生的心理健康创造了良好的物质基础。心理健康教育是指在体育教学过程中注重培养学生的心理素质和健康心理状态的一项教育内容和方法。通过心理健康教育，学生能够更好地面对挫折和困难，增强逆境应对能力，促进身心健康的全面发展。

（1）心理健康教育为学生提供了一个积极的学习环境。体育课堂上的活动和训练可以帮助学生释放紧张情绪，缓解学习压力，增加学习的乐趣。在体育教学中，教师注重培养学生的自信心和自尊心，鼓励他们积极参与各项运动活动，从而提高学生的心理素质和心理健康水平。此外，体育教学还可以培养学生的团队意识和合作精神，使他们学会与他人合作、相互支持，在集体活动中感受到归属感和满足感，从而促进学生心理健康的形成和发展。

（2）心理健康教育能够帮助学生养成积极健康的生活方式。体育教学中的运动活动能够增强学生的体质和身体素质，提高免疫力，减少疾病的发生率。通过参与各种运动项目，学生可以锻炼身体，增强体力，改善体态，增强抵抗力和适应能力。体育教学还可以培养学生良好的生活习惯和健康行为，如合理饮食、规律作息、适度锻炼等，使学生能够保持良好的心理状态和身体健康，预防心理问题和疾病的发生。

（3）心理健康教育可以培养学生的自我管理能力和情绪调节能力。体育教学中的各种活动和竞赛往往涉及竞争、合作和压力等因素，学生需要学会合理管理自己的情绪和压力，保持良好的心态。通过体育教学，学生可以学会自我调节和情绪释放的技巧，培养积极乐观的心态，增强心理韧性，提高应对挫折和压力的能力。这些能力不仅在体育活动中有益，而且在学习和生活中都能起到积极的促进作用。

2. 对情绪进行调整，消除内心障碍

（1）体育教学中的心理健康教育有助于调整学生的情绪状态。体育活动是一种积极健康的身体运动形式，能够有效地缓解学生的压力和疲劳，提升他们的情绪状态。通过参与体育运动，学生可以释放累积的负面情绪，改善自身的情感体验，增强积极情绪的生成。例如，当学生感到压抑或烦躁时，他们可以通过参与球类运动、慢跑或瑜伽等体育活动来调节情绪，从而获得身心的舒畅和愉悦感。

（2）心理健康教育在体育教学中有助于消除学生的心理障碍。学生在成长过程中可能会面临各种各样的心理问题，如自卑、焦虑、压力等。这些问题会对学生的学习和生活产生负面影响。体育教学中的心理健康教育提供了一个平台，让学生能够倾诉和分享自己的心理困扰，并得到专业人士的指导和支持。教师可以通过开展心理健康课程、心理咨询和心理辅导等形式，帮助学生识别和应对心理问题，促进他们的心理健康成长。

（3）体育教学中的心理健康教育能培养学生的情绪调节能力和心理素质。体育运动需要学生具备良好的情绪管理和应对能力。在比赛和训练中，学生可能会面临竞争压力、挫折和失败等情况，而这些都需要他们具备积极的心态和有效的应对策略。通过体育教学中的心理健康教育，学生可以学习到情绪调节技巧、自我激励方法和团队合作意识，提高他们的心理素质和抗压能力。这些能力不仅帮助学生在体育运动中取得好成绩，也在日常生活中具有积极的影响。

3. 有利于心理素质和意志品质的培养

在体育教学中，心理健康教育对学生的心理素质和意志品质的培养起着至关重要的作用。心理健康是个体内心状态的平衡和稳定，而体育活动作为一种积极的身体锻炼形式，

对促进学生心理健康具有独特的优势和影响力。

（1）心理健康教育通过大学体育教学提供了一个积极的情感释放和情绪调节的平台。学生常常面临来自学业、家庭以及社交方面的压力，这些压力会对他们的心理状态产生负面影响。而参与体育活动可以帮助学生将负面情绪转化为积极的能量，通过运动释放压力和紧张情绪，缓解焦虑和抑郁情绪，增强内心的平衡和稳定。在体育教学中，教师可以鼓励学生积极参与体育活动，让他们感受到运动的快乐和乐趣，培养积极向上的情感体验，提高心理的幸福感和满足感。

（2）心理健康教育通过大学体育教学培养学生的意志品质。意志品质是个体坚持目标并付诸行动的能力，它对于学生的成长和成功至关重要。体育活动中的训练和比赛要求学生具备坚持不懈、自律和毅力等品质。通过面对困难和挑战，学生能够逐渐培养出坚强的意志，学会坚持不放弃、不怕失败，不断努力提高自己的能力和水平。这些意志品质的培养不仅在体育领域中有所体现，更会渗透到学生的学习和生活中，使他们在面对各种困难和挫折时更加勇敢、坚韧和自信。

（二）大学体育教学中进行心理健康教育的路径

1. 通过激励性手段调动学生的体育学习热情

在大学体育教学中，可以采用激励性手段来调动学生对体育学习的热情，进而促进他们的心理健康教育。心理健康在大学生的发展中起着重要的作用，而体育活动是一种有效的方式，可以帮助学生维持心理健康和提高他们的学习体验。因此，通过激励性手段在大学体育教学中引导学生参与体育学习，对于他们的心理健康教育至关重要。

（1）激励性手段可以激发学生对体育学习的兴趣和热情。学生在大学期间常常面临着学业压力和各种挑战，心理压力可能会对他们的心理健康造成负面影响。然而，体育活动可以作为一种放松身心的途径，帮助学生缓解压力，增强心理韧性。通过激励性手段，如制定有趣且富有挑战性的体育学习任务和活动，可以吸引学生的兴趣，激发他们积极参与，从而培养他们的自信心和学习动力。

（2）激励性手段可以提高学生的体育学习效果。学生在参与体育学习时，如果缺乏动力和目标，可能会出现学习兴趣的下降和学习效果的降低。为了激发学生的学习热情，教师可以设置明确的目标和奖励机制，以激励学生积极参与体育学习。例如，可以设立学习竞赛，表彰在体育学习中表现出色的学生，给予他们奖励和认可，从而激励其他学生效仿。这样的激励性手段可以提高学生的参与度和学习动力，促进他们在体育学习中取得更好的成绩。

（3）激励性手段可以培养学生的团队合作和领导能力，进而提升他们的心理健康。

体育活动通常需要学生进行团队合作，这有助于培养他们与他人有效沟通、协作解决问题的能力。通过设立团队合作的体育项目和比赛，学生可以学会相互支持、互相信任，并共同追求团队目标。此外，通过鼓励学生担任领导角色，如队长或教练助理，可以促进他们的领导才能的发展，提高他们的自信心和责任感。这些团队合作和领导经验对于学生心理健康和综合素质的培养都具有积极的影响。

2. 大学体育教师应提高自身的教育意识

大学开展体育工作的核心指导思想是“健康第一”。作为大学生综合健康水平的主要衡量指标，心理健康在大学体育教育中具有重要地位。因此，对学生进行心理健康教育，提升其心理健康水平，是开展素质教育不可或缺的构成要素。大学体育教师肩负着在体育教学中进行心理健康教育的任务，因此必须不断提高自身的心理素质。在教学实践过程中，体育教师需要形成正确的心理问题认识，维持健康的心理状态，从而促进大学生的身心健康。

（1）体育教师应该具备对心理问题的正确认识。心理健康问题在大学生中普遍存在，如压力过大、焦虑、抑郁等。体育教师需要认识到这些问题的存在，并了解其对学生身心健康的影响。只有正确认识到心理问题的重要性，才能更好地开展心理健康教育，引导学生解决问题、调适情绪，从而提升其整体健康水平。

（2）体育教师需要维持健康的心理状态。作为学生心理健康的引领者和示范者，体育教师必须自身具备稳定、积极、乐观的心理状态。只有通过自身的言行和榜样作用，才能有效地影响学生的心理状态和行为习惯。因此，体育教师需要关注自身的心理健康，积极参与心理健康培训和活动，学会应对压力和困难，保持良好的情绪状态，以更好地服务于学生的心理健康教育。

（3）体育教师要通过多种方式促进大学生的身心健康。除了在课堂上进行心理健康教育，体育教师还可以通过组织体育活动、开展心理健康讲座、提供心理咨询等形式，全方位关注学生的身心健康。通过这些方式，可以帮助学生了解心理健康的重要性，学会有效地应对挫折和困难，提升自身的心理韧性和抗压能力。

3. 确保教学内容选择的合理性

大学体育教学的关键在于把握好教学内容的困难程度，以确保学习活动的有效进行。在这一过程中，教师需要注意学生焦虑水平的控制，确保其处于中等水平，这样才能更好地提高学生的学习水平。当焦虑水平过低时，学生可能会缺乏动力和紧迫感，对学习不够投入；而过高的焦虑水平则会导致压力过大，阻碍学习的有效展开。因此，教师需要通过巧妙的教学设计和引导，使学生在适度的焦虑状态下进行学习，以促进其学习效果的提升。

为了满足学生的学习需求，大学体育教师应根据实际情况，科学选择适合的体育教材。选择合适的教材可以帮助学生形成科学评价与正确认识，使他们对自身有一个清晰的认知。这种科学评价和正确认识不仅有助于学生了解自己的身体状况和潜力，还可以为他们制订合理的目标和计划。通过合理的教学内容，学生可以树立理想的目标，并深入挖掘内在驱动力，激发他们的学习热情和自我激励能力。

大学体育教学内容的合理性还体现在培养学生的综合素质方面。除了传授体育知识和技能，教师还应注重培养学生身体素质、协作能力、领导力等方面的综合素质。通过多样化的教学活动和项目，学生可以在体育课堂中获得更全面的成长和发展。例如，组织团队合作活动可以培养学生的协作精神和团队意识，而引导学生担任领导角色则可以提升他们的领导才能和责任感。通过这些综合素质的培养，学生可以在体育教育中得到更全面的提升，更好地适应未来社会的需求。

此外，大学体育教学内容的合理性还需要充分考虑学生的兴趣和需求。体育是一门富有个性化和情感化特征的学科，因此，教师应根据学生的兴趣爱好和需求特点，灵活调整教学内容和方法。通过针对性的教学安排和个性化的辅导指导，教师可以更好地激发学生的学习兴趣和热情，提高他们的学习动力和积极性。

第三节　大学体育教学中的身体美学分析

一、大学体育教学中身体美学的表现

（一）身体意识

身体美学的一个重要内容是身体和意识的统一，尤其是身体意识的培养。这是指人的自我意识中，以身体为对象的那一部分意识。培养身体意识需要在具体的身体活动和训练中提高人的自我意识对身体的感知、认知、理解等。

体育教学就是实现这个目的的最主要场所，因为在体育教学中，学生可以在教师的指导和帮助下，系统性地通过各种体育活动逐渐认识身体，形成身体意识。例如，通过跑步，可以了解自己的腿，以及平衡能力、爆发力、耐力等；通过跳高、跳远，可以了解身体的其他秘密。因此，体育教学是身体实践和身体意识培养的主要场所，可以让身体意识得以觉醒并日渐强烈、成熟。

（二）身体实践

体育教学作为身体实践的重要场所，具有巨大的意义和价值。通过体育教学，学生可以亲身参与各种体育活动，锻炼身体，提高体能水平。体育教学不仅培养了学生的体力，还促进了学生的协调能力、反应能力和心理素质的发展。同时，体育教学也是传授体育理论知识的重要途径，帮助学生理解运动的本质和规律，培养他们对体育运动的兴趣和热爱。

体育教学将体育活动与理论知识相结合，使学生能够更加深入地理解和体验体育运动的魅力。在体育教学中，学生可以通过实践探索和实际操作，感受身体在运动中的变化和表现。同时，他们也可以通过学习相关的理论知识，了解运动的规则、技巧和战术等方面的知识，从而提高自己的运动水平。通过实践和理论的结合，学生能够全面地发展自己的身体素质和运动能力，培养自己的运动技能和战略意识。

在体育教学中，需要注重“身”和“体”的统一。学生在体育教学中不仅要重视身体的外部感受和感性经验，还要注重身体的内部感受和知性认识。通过对身体的感知和理解，学生可以更好地掌握和运用体育技能，提高自己的运动表现。同时，通过理论知识的学习和掌握，学生可以深入了解体育运动的规律和原理，培养自己的运动智慧和创新能力。只有将身体的感性经验和知性认识相结合，才能实现身体的全面发展和提升。

体育教学是一个长期的过程，需要持续的努力和坚持。学生不能指望一蹴而就，只有通过长期的体育实践教学，才能逐步提高身体的体能和身体意识。在体育教学中，学生需要不断地参与各种体育活动，积极锻炼身体，提高自己的体能水平。同时，他们也需要积极学习和掌握相关的理论知识，不断丰富自己的体育知识储备。只有将实践和理论相结合，才能实现身体素质的全面提升和身心健康的综合发展。

（三）身体美感

身体是人与自然之间的中介，是自然的一部分，也是人的存在形式。通过身体，人可以实现和自然的联结。因而，身体的美与自然万物的美是和谐一致、相互统一的。身体的美，是人类创造美、感知美和发现美的起点和基础。体育教学与身体的美有着不可分割的联系，身体审美由此始终贯彻在体育教学中。在体育教学中，教师要注重培养学生的审美品位和格调，促进学生的欣赏能力和品位，强化学生的身体意识，促进学生参加体育活动的兴趣和热情，在学生学会感受和欣赏美的过程中，也能够掌握体育的知识和功能，使生命活力蓬勃发展。体育教学要培养身体的美感，不是肤浅的美，而是深刻的美，是内外一致的美感。体育教学需要培养综合型的学生，而不仅仅是培养体育特长生，更重要的是培养学生的内在美、道德、伦理、精神和意志，使学生养成积极进取、勤劳奋斗、阳光健康的性格品德，使学生具有优秀的道德情操和卓越的人格品行。

二、大学体育教学中身体美学的作用

（一）激发和保护生命力

身体美学以身体作为认知对象和主体，因此需要首先培养起身体意识，即通过身体的体验、训练和各类活动，使学生感受到身心的统一和健康，促进身体的和谐。对身体意识的培养又需要身体审美的理论和实践相统一，由此创造巨大的现实意义以及精神价值，使身体从被忽视、被压抑、被束缚的状态中逐渐苏醒和解放出来，成为积极向上的阳光健康的主体。通过身体的健美，激发和保护生命力。

（二）实现身心合一

近代以来，身体的体育教学一直受到重视，成为一种国民使命。因此，在这个意义上，体育既是物质的存在，也是精神的存在，是内在精神和外在身体需求的统一。体育的本质精神在于强身健体和体悟精神。体育需要追求身体和心灵的和谐统一，通过外在的身体运动、体验和训练实现心灵的内在感知，获得心理上的愉悦和放松，以及成就感。因此，体育教学的“体”不光是指肉体，也包括智慧、道德和审美。只有这样，人才能成为自由而完整的人。

只有身体和心灵和谐统一，才能还原生命的本真状态，展现人类健硕与优美的身体、流畅的运动、坚强的生命力和丰富愉悦的身体体验，以及在自由自主的活动中感受生命的热情和健康。体育教学由此上升为健康教育和生命教育，帮助学生培养科学的健康观和科学的生命观，实现身心统一、人格完整。

（三）促进身体与实践的统一

“力”是生命的源泉、存在方式和表现形式。“力”是生命区别于无生命的重要区别。体育教学是培养生命的“力”的一个最主要的场所和方式。通过身体训练，可以塑造身体的健硕和优美，展现身体的活力。通过体育活动，可以促进身体的健康，增强身体的体力。通过比赛和竞技，可以激发人的生命潜力，促进身体意识，激励体育精神和品格，使人获得无限动力，激发巨大能量。由此，“力”为生命创造了源源不断的源泉。

身体是人的生命的物质载体。体育教学是锻炼身体，进而激发和培养生命力的重要场所。体育教学通过各种各样的实践活动，如跳高、跳远、打篮球等，激发人的生活热情和

激情，展现生命的魅力，使学生寻找到生活的热情和兴趣爱好，激发学生的向上之心，体会生命的力量。在这个过程中，实现了生活的成就感和价值所在。

人是万物的尺度，而身体则是体育教学的尺度，也是体育教学的出发点和落脚点，同时也是身体美学的基础和目标。身体实现了对身体美学和体育教学的联结，促使二者和谐、融汇和贯通，在这个过程中，激发了学生身体审美的兴趣和热情，使学生感受到身体意识和身体实践的统一、心灵和身体的和谐、力与美的融贯、生命力的觉醒和实现，使人真正成为自己的主人。

第三章　大学体育教学的资源管理

第一节　大学体育教学中人力资源的管理

一、大学体育教学中人力资源的规划管理

体育人力资源规划，也称体育人力资源计划，是体育人力资源开发与管理过程的初始环节，是体育人力资源开发与管理各项活动的起点和依据。搞好人力资源的规划，对于搞好人力资源整体开发与管理，取得人力资源效益和组织的多种效益，都具有重要作用。

体育人力资源规划有广义和狭义之分。广义的体育人力资源规划是指为了达到体育的目标，满足未来一段时间内对体育人力资源的需求，而做出的引进、保持、提高、流出体育人力资源的预测及相关事项；狭义的体育人力资源规划是指体育组织从自身的发展目标出发，根据内外部环境的变化，预测未来发展对体育人力资源的需求，以及提供相应体育人力资源的活动。简单地说，狭义的体育人力资源规划是指体育人力资源供需预测，并使之平衡的过程。实际上，可以把它看作组织对于各类人员需求的补充规划，即对人力资源未来需求和内部供给预测后，再进行外部补充的规划。

（一）大学体育人力资源规划管理的内容

"大学体育课程教学资源的开发和利用在体育课程改革中起到了'催化剂'作用，做好大学体育教学资源的合理开发与利用，会强有力地推进大学体育课程改革的进一步执行。"①一份完整的体育人力资源规划应包括体育人力资源补充计划、招聘选拔计划、接替与提升（降职）计划、教育培训计划、评估与激励计划、人员问题及处理计划、退役（退休）解聘计划等体育人力资源开发与管理的各个领域。

体育人力资源规划根据两个因素进行制定：首先，根据体育的目标。这主要因为体育人力资源规划的主要任务是为了达到体育的目标。其次，根据体育工作分析和体育绩效评估。这主要因为体育工作分析明确了工作的各种信息，包括职位的职责、任务、权限、工作条件、社会环境、任职者的基本要求等；体育绩效评估明确了绩效情况、体育人力资源

① 张东南．浅析大学体育课程教学资源的开发和利用[J]．体育时空，2013（14）：99.

的使用现状等。这些信息对做出正确的体育人力资源需求预测至关重要。

在体育人力资源规划中，体育人力资源补充计划主要包括补充人员标准（类型、数量、质量等）、补充人员的来源（内部还是外部）、补充人员的待遇等。

招聘选拔计划主要包括招聘、选拔人员的确定与培训计划、招聘选拔的程序、渠道、方法、费用等。

接替与提升（降职）计划主要包括人员提升标准、资格、试用期、提升比例，未提升人员安置等。

教育培训计划主要包括培训目标、内容、地点、师资、受训人员的数量、培训形式、评估等。

评估与激励计划主要包括绩效指标的确立、绩效评估方法、绩效评估结果的运用、绩效评估的组织与实施办法、激励政策与方案的制定等。

人员问题及处理计划主要包括保险、救济、社会福利、优抚、互助政策的制定、劳动条件与环境的改善等。

退役（退休）解聘计划主要包括退役（退休）安置的政策、方法、解聘程序等。

（二）大学体育人力资源规划管理的类别

1. 按具体用途划分

（1）战略性规划。战略性规划是指对体育组织的外部因素进行分析，并预测未来对体育人力资源的需求。此过程还涉及对体育组织内部人力资源数量的长期估计，并相应地调整体育人力资源规划。在这个过程中，重点是进行问题分析。

（2）策略性规划。策略性规划主要涉及对体育人力资源需求与供给量的预测，制定具体的行动方案，包括体育人力资源的数量、体育人力资源的结构，可供与所需体育人力资源的净需求。

（3）作业性规划。作业性规划主要涉及一系列的具体操作实务，包括招聘、提升与调动、培训与发展、劳工关系、工资与福利等，其要求任务具体明确，措施落实。

2. 按时间跨度划分

（1）长期规划。长期规划一般指5—10年及10年以上的规划，是对体育人力资源总的发展方向、长远目标、发展水平、规模、总的原则和方针政策等的概括说明，是指导性的，它指导中、短期规划的制定和实施，又靠中、短期规划的实施来实现。

（2）中期规划。中期规划一般指1—5年内的规划。它来自长期规划，与长期规划的内容基本一致，但更为详细和具体，具有衔接长期规划和短期规划的作用。

（3）短期规划。短期规划一般指1年或1年内的规划。这种规划要求明确，任务具体，措施明确。这种规划在执行中选择的范围很小，有效地执行规划成为最重要的内容。长期和中期规划的实现，最终取决于短期计划的落实。

二、大学体育教学中人力资源的需求预测

大学体育人力资源需求预测是指根据体育组织目标和工作任务，综合考虑各种因素的影响，对体育组织未来发展所需要的体育人力资源的数量、质量、时间和费用等进行估计和推测的活动。它是体育人力资源招聘选拔的起点，其准确性对招聘选拔的工作计划有决定性作用。

（一）大学体育人力资源需求预测的影响因素

1. 外部因素

大学体育人力资源需求预测是一项重要的任务，它需要考虑到众多外部因素的影响。

（1）竞争对手的变化情况。随着时间的推移，其他大学体育项目可能会发生变化，引入更多的资源和人才，提高自身的竞争力。如果竞争对手的实力有所增强，大学体育部门可能需要相应地增加人力资源，以保持竞争力。

（2）体坛格局的变化。如果某个特定项目在体育界变得更加流行和受欢迎，大学体育部门可能需要增加相关项目的人力资源，以满足学生和社会对这些项目的需求。此外，如果某个项目的受欢迎程度下降，相应的人力资源需求可能会减少。

（3）国家和地区对体育发展的方针、政策。政府对体育的政策取向和支持力度，会对大学体育项目的需求产生直接的影响。如果政府提出鼓励大学体育发展的政策，大学体育部门可能需要增加人力资源来扩大项目规模和提高水平。

（4）现代科学技术的发展及对体育的介入和渗透状况。随着科技的进步，一些新的科技应用和训练方法可能会被引入大学体育项目中。这就需要大学体育部门拥有相关的专业人才，能够应对和利用这些新技术，提高训练效果和运动员的竞技水平。

（5）国家和地区的经济发展状况。经济的繁荣和发展将为大学体育部门提供更多的资金支持和资源投入，从而增加对人力资源的需求。相反，经济不景气和紧缩可能导致大学体育部门面临资金压力，进而减少对人力资源的需求。

2. 内部因素

（1）现役体育人力资源自身状况。退役、退休、伤残以及结构调整等都会直接影响到现役体育人力资源的数量和质量。退役和退休的运动员需要合理安排他们的职业生涯转

型，以便将其经验和技能转化为其他领域的价值。而伤残运动员则需要得到适当的康复和关怀，以保证他们的生活质量和职业发展。

（2）后备体育人力资源的自我储备与培育情况。体育组织和学校等机构应该注重对后备体育人才的储备和培养，以保证后备人力资源的稳定供应。通过加强基层体育训练和选拔工作，培养更多有潜力的年轻人成为优秀的运动员，为国家队和专业俱乐部提供源源不断的人才储备。

（3）体育体制改革的状况。体制改革可以促进体育管理体制的优化和创新，提高体育人力资源的配置效率。通过改革，可以建立科学合理的人才评价体系和激励机制，激发体育人力资源的创新潜力和积极性。

（4）体育发展战略和目标的调整与变化。随着社会经济的发展和体育产业的不断壮大，体育发展战略和目标需要与时俱进地进行调整。例如，对于重点发展某项体育运动项目的决策，将直接影响到该项目相关的人力资源需求和培养计划。因此，合理制定和调整体育发展战略和目标对于优化体育人力资源的配置和发展至关重要。

（5）体育运动项目的发展变化。随着人们对体育项目的需求和喜好的变化，不同的体育项目会有不同的发展趋势。这就要求体育组织和机构及时调整其人力资源的配置和培养策略，以适应体育项目发展的需求和变化。

（二）大学体育人力资源需求预测的主要方法

根据预测的期限长短以及目的等的不同，存在多种不同的预测方法。不同的预测方法具有不同的适用条件，因此在体育人力资源需求预测中应根据实际情况选取相应的预测方法。总体上来说，体育人力资源需求预测方法主要包括两类：定性预测方法和定量预测方法。而每一类又包括许多方法，具体如下。

1. 定性预测方法

定性预测方法是领导人员、专家和有关人员通过会议讨论或书面意见等形式，发挥集体的智慧、经验、才能，对预测事件的未来状况进行判断的预测方法。

（1）德尔斐法。德尔斐法又称专家调查或专家意见法，是以专家作为索取信息的对象，运用专家的知识与经验，考虑预测对象的社会背景和影响因素，直观地对预测对象进行综合分析和预测。

第一，德尔斐法的特点。这种方法的特点主要包括：①匿名性，即专家之间不发生联系，只通过书面形式与协调中心进行联系。②反复性，即通常要经过三轮以上的征询。③收敛性，即通过反复验证后，专家的意见就会相对集中起来。

第二，德尔斐法的要素。德尔斐法由三个要素组成：①由一个协调者或由数名协调者组成的协调中心。②一群与预测问题有关的专家。③一套特制的意见征询函和程序。其中协调中心的主要工作是：确定提问提纲；挑选征询对象；发出征询函件；收集、综合、整理资料；反馈征询结果；提出预测报告。而专家的工作主要是回答征询函件中的问题。

第三，德尔斐法的具体预测过程。①确定预测项目和预测目标。②对预测的问题加以分析说明。③选择熟悉问题的专家。④向选定的专家发出调查表。在这阶段中，除了专家匿名，还要把预测问题的说明书连同有关的背景资料和信息材料随同调查表一起发给已选定的有关专家。⑤集中专家的意见。⑥将统计结果反馈给各位专家。专家可据此重新提出自己的预测，也可以维持原来的意见，还可以在考虑了其他专家的意见后修改自己的意见。⑦集中第二轮专家意见，再反馈。典型的德尔斐法共需四轮。

第四，德尔斐法的优势。①书面作答，有充分的思考时间。②多轮反复，结果日趋集中和成熟。③集体的预测，既有多数人的意见，也有少数人的意见，避免了个别专家的片面，实现了集思广益。④专家匿名，严格保密，防止权威对结果的影响，避免了专家间的消极影响等。

现在的德尔斐法有的已改为三轮，若背景资料比较可靠，就采用两轮，有时也可一轮完成，并且部分地把匿名询问和口头讨论结合起来。此外，德尔斐法开始重视事件相互影响的分析，与发展趋势外推法、民意测验结合起来，从而扩大了适用范围，提高了可靠程度。

（2）头脑风暴法。头脑风暴法是召集专家开会，先不明确宣布会议的目的，只是要求参加会议的专家围绕某一方面的问题，充分发表意见，不许对别人的意见评头论足。鼓励大家广开思路，各抒己见。参加会议的人数不宜过多，一般10人左右即可。会议组织者不要随便发表自己的意见，而是主要倾听大家的意见。会后对各种意见进行归纳分析，总结出几种可行方案。

（3）列名小组法。列名小组法是预测者根据预测目标的要求选择若干专家，请专家们各自用书面方式提方案、建议或回答所提问题。然后由组织者把各人的书面材料合并成一份小组汇报材料，在不说明各个方案为何人所提的前提下公布汇编结果，再进行讨论，以便让大家发言时无所顾虑。其优点是可以让与会者充分发表意见，以便把好意见逐步集中起来。

2. 定量预测方法

定量预测是指运用一定的数据，按照时间或因果关系对事物的未来情况进行分析和判断。其优点是用数据说话，准确度高，说服力强。

（1）时间序列预测法。时间序列预测法是根据事物前期变化的规律对发展趋势所做的预测。通常在掌握充分的资料数据，并且事物本身主要是随时间变化而变化的情况下

使用。

第一，移动平均法。移动平均法是根据时间序列资料逐项推移，依次计算包含一定项数的时序平均数，以反映长期趋势的方法。其实质是取最近的数个观察值求其平均数作为下一期的预测值。当时间序列的数值受周期变动和不规则变动的影响，起伏较大，不易显示出发展趋势时，可用移动平均法。

第二，指数平滑法。指数平滑法，即对不同观察值取不同权数的平滑法，对报告期初期的计划数与报告期期末的实际数以不同比例，即距离预测时刻越远的观察值越不重要，来推测下期预测数。指数平滑法一般有一次、二次、三次指数平滑法。

（2）趋势外推法。趋势外推法是根据事物的历史和现时资料，寻求事物发展变化规律，从而推测出事物未来状况的一种比较常用的预测方法。趋势外推法的基本前提是：预测对象的变化规律是基本不变的，变化过程是渐进的、稳定的，没有间断或跳跃。

第二节 大学体育教学中保障资源的管理

一、大学体育教学保障资源中的安全管理

（一）大学体育安全管理的制度保障体系

1. 安全制度的规定与实施

大学内部的体育管理人员是实施安全制度的主要人员。校内体育安全管理制度的规定和实施具有两个方面：一方面，相关管理者需要清楚每一名成员责任具体落实的情况；另一方面，校内安全管理制度中的内容设定也极其重要。校内安全管理制度的内容应该涵盖校内任何一名管理者，同时还应当详细地描述出什么环节由什么职位的人来负责。譬如，体育教师在教学过程中所应当担负的责任、采购体育器材的人员所应当担负的责任、校内体育竞赛过程中出现意外伤害事故时竞赛的负责人所应该承担的责任等。

2. 安全管理的应急预案

在进行校内体育安全管理的过程中，可以通过构建与自己大学相适应的安全管理应急预案，以便能够更好地处理突然出现的大学体育安全事件。对此，可以从级别分类、组织管理、应急保障、运行机制、监督管理等方面着手。其中，级别分类所指的是按照安全等级来进行分类；组织管理所指的是明确当出现意外情况时进行救助的相关部门以及部门

人员；应急保障所指的是保证相应的资源足够应对紧急情况；运行机制所指的是预警、预测、应急处理等；监督管理所指的是安全演练、奖罚制度等。

3. 课堂安全制度的规定

在大学体育中体育课堂教学是极其重要的一个环节，体育教师在开展体育课堂教学的过程中不仅要拥有十分清晰的安全目标，还要制定相关的规定，以便对学生实施安全教育以及安全管理，真正地将体育课堂内部的安全管理工作落到实处。要想真正地完成体育课堂教学过程中的安全监督以及相关的管理工作，那么体育教师便需要在开展相关教学活动的过程中向学生传授相关的安全知识。

体育课堂内的规章制度面向体育教师以及学生，主要目的是使师生能够在一个既健康又安全的环境内展开教学。因此，大学需要制定一些相关规定来有效地为体育课堂中的师生提供安全保障。不过，大学要清楚地认识到所制定的相关规定不该是模糊的，具体的内容应当涵盖教师的教学行为、课堂中学生的约束行为等。规定教师在开始上课前的10分钟内到达体育教室，以便能够在对课程内容进行安排的同时，有充足的时间对运动器材、运动设施进行检查，排查所有可能会存在的安全隐患。规定学生要按照要求向教师准确地报告有可能会影响到自身安全的疾病，遵循所制定的相关课堂秩序，按时上课，发现存在安全隐患的问题时及时向体育教师进行汇报等。

（二）大学体育安全管理的组织保障体系

要想确保大学体育教学活动开展过程中学生的安全，其中一个重要环节便是责任制的构建，因为只有将具体的责任落实到个人身上，才能够充分地调动起管理者的工作积极性以及责任心。若是校内的体育安全保障体系没有一个健全的责任制组织核心，那么在出现问题时，则根本无法寻找到相应的负责人，从而导致整个大学的管理体系呈现混乱，那么校内的体育安全组织系统便无法全面地展现出其所具有的功效与作用。

1. 明确管理小组及成员的责任

明确管理小组及成员的责任，主要包括构建校内体育安全管理小组以及明确组内成员的不同责任分工。由于构建校内体育安全管理小组是整个保障制度建设的重点内容，因此在构建小组时应注意以下四个方面的内容。

（1）组织的三要素。组织内应当具备成员之间的分工、联系、目标三个核心要素。因此，在构建领导小组的过程中，需要清楚地认识到领导小组的核心目标、组织内部成员的构成、组织成员的工作分工，以及清楚地划分出各个组织成员之间以及各个职务之间的相互关系。

（2）组织设计时应当考虑一些影响因素。影响因素主要存在于组织规模、组织环

境、组织目标三个方面。而这三个方面的影响主要体现在：组织规模的大小能够影响到组织结构的构成形式；组织环境的稳定与否，能够对组织方案的设计产生影响；组织目标的改变能够对组织内部产生影响。当从环境因素来进行分析时，可以发现上述影响主要体现在领导小组在进行结构设计时不仅要思考组织内部，还需要同时思考组织外界的具体情况。

因此，在领导组织内部，需要选拔出拥有一定能力的人才来负责相应的工作。同时，在该过程中还需要遵循相关的法律法规。从领导组织外界来分析，在对组织结构进行设计时，还需要额外顾及校内的班级数量、校内班级的人数、体育活动的开展类型、体育活动的开展地点等。

（3）领导小组设计的程序。以管理学中的相关理论知识作为基础可以得知，在进行组织设计时，一共分为五个步骤，即确定使命、制定规划、组织设计、方案评价、确定方案。我国所有的大学在进行组织设计时，均可根据上述五个步骤进行。

在确定使命的步骤中，大学领导小组的使命是确保学生在进行体育活动时，全体师生的人身安全得到保障。这意味着他们需要考虑到学生的体育活动需求，并采取必要的措施来保证他们的安全。

制定规划是组织设计的第二个步骤，其核心在于确保领导小组能够顺利地实现使命。在这个阶段，大学领导小组需要制定明确的目标和战略，以确保他们能够有效地管理和监督体育活动，并为全体师生提供安全的环境。这包括制定相应的政策和程序，以确保体育活动的顺利进行，并遵守相关的法规和标准。

在组织设计的步骤中，大学领导小组需要制定多个选择方案。这包括确定适当的组织结构，分配职责和权限，以及确保资源的合理利用。在体育活动的组织设计中，他们需要考虑到学生和教职员工的需求，为他们提供必要的设施和支持，以促进体育活动的顺利进行。

在方案评价阶段，大学领导小组需要对设计出的多个方案进行评估。他们需要考虑每个方案的可行性、效果和成本效益等因素。通过评价，他们需要筛选出最为合适的方案，以确保体育活动的安全和有效进行。

在确定方案阶段，大学领导小组需要综合考虑各个方案的评价结果，选择出最终的方案使这个方案在保证学生体育活动的同时，最大限度地确保全体师生的人身安全。

（4）领导小组成员结构的设计。在每所大学中，都应运用更加符合自己风格的设计方法来进行组内成员的设计。

组长负责组织和管理整个设计过程，负责制订工作计划、分配任务，并监督成员的工作进展。他们应具备良好的组织能力和领导才能，能够有效地协调团队成员之间的工作关系，并确保项目按时完成。

副组长是组长的得力助手，负责协助组长的工作，当组长不在时，副组长可以代行组长的职责。副组长需要具备一定的管理能力和决策能力，能够有效地与组员合作，解决问题并推动项目的进展。

小组成员是设计团队的核心力量，他们负责具体的设计工作和任务执行。每位小组成员都应具备相应的专业知识和技能，并能够独立完成分配给他们的任务。他们需要积极参与团队讨论和决策，提供自己的观点和建议，并与其他成员密切合作，实现设计目标。

在实践层面上，可以采用横向结构模式，将设计团队按照各自的专业领域进行划分。例如，可以有建筑设计组、景观设计组、室内设计组等，每个组负责相应领域的设计工作。这种横向结构模式可以使得每个小组成员能够更加专注于自己的专业领域，并在团队中发挥自己的专长。

此外，为了确保设计团队成员之间的有效沟通和协作，可以采用交叉模式。交叉模式意味着设计团队成员之间需要经常进行沟通和交流，共享信息和想法，并确保各个小组之间的协调配合。可以通过定期的团队会议、项目汇报和讨论来促进交叉沟通，以确保设计团队的整体协作效果。

对于校内体育器材和体育场地的管理，应当安排专业人员进行定期检查。这些专业人员可以是体育设施管理人员或相关领域的专家。他们负责检查器材和场地的安全性和功能性，及时发现问题并采取相应的维修和保养措施，以确保师生使用的器材和场地处于良好的状态。

2. 明确组织成员具体职责分工

职责是指小组领导以及小组成员所应当负责和承担的工作任务。当大学在校内成功组建安全管理小组之后，小组内的所有成员都应当认真负责属于自己的工作任务，为达成目标而不断奋斗。要想清楚地划分所有成员的具体职责，需要从以下两个方面着手。

（1）组内成员需要明白自己工作职责的重要性。倘若组内成员无法清楚地知晓自己该做什么、什么又是不能做的，那么不仅无法明白什么才是自己的本职工作，也无法认识到自己的定位是什么。当有一名成员出现这种情况时，便十分容易在工作上出现失误，而导致工作失误的主要原因有两点：①由于工作职责的不清晰，导致组内成员自己的工作积极性被伤害；②组内成员丧失责任感，使组内成员过于顾及个人利益而忽视集体利益。由此可见，组内成员个人职责的认知在整个体育安全工作中的重要性。

（2）领导组织的职责分工尤为重要。在体育安全管理中，各个分支机构的职责也是非常重要的。这些分支机构包括场地维护部门、教练团队、医疗救护人员和安全巡逻队等。

第一，场地维护部门的职责是确保体育场地和设施的安全和良好状态。他们需要进行定期巡视和检查，及时修复和维护体育场地的设施，确保运动场地符合安全要求，并及时报告任何潜在的安全隐患。

第二，教练团队在体育活动中起着重要的作用。他们的职责是指导学生运动员进行训练，并确保他们的训练过程安全可靠。教练需要具备专业的知识和技能，了解各种运动项目的规则和安全要求，制订合理的训练计划，并采取必要的安全措施，防止运动伤害的发生。

第三，医疗救护人员在体育场馆中也扮演着重要角色。他们需要具备急救和医疗知识，能够及时应对运动中的意外伤害和突发状况。医疗救护人员应该随时待命，熟悉常见的运动伤害处理方法，能够快速做出正确的判断和处理，保障参与体育活动的人员的安全。

第四，安全巡逻队的职责是巡视校园内的体育场馆和周边环境，确保安全秩序的维护。他们需要定期巡查，发现潜在的安全隐患，采取措施防止意外事件的发生。安全巡逻队还应与其他相关部门合作，协助应对突发情况，保障校园内体育活动的安全进行。

（三）大学体育安全管理的医疗保障体系

在开展体育教学活动的过程中，需要完善校内体育安全保障体系中的医疗工作，尽最大的能力来提升校内医疗人员的专业素养。对此，可以借助于定期组织开展相应的培训工作的方式，来有效地提升校内医疗人员的专业素养。在对校内医疗人员所具有的技能水平进行考核时，不可直接定到最高，而是应当以校内医疗人员的基础水平，逐步制定提升的标准，以此来有效地提升校内医疗人员的专业素养。

医疗保障体系的构建，不仅能够有效地降低出现在大学体育中意外伤害事故的概率，还能够减少出现意外伤害事故时的损害。因为，体育本身就有危害性，尤其是在进行体育训练和体育竞赛时，运动员所从事的项目类型具有一定的对抗性和高强度运动负荷。所以，十分容易出现危险并引发伤害事故，此时周边便需要专业的医疗人员从中辅助，一旦训练过程或者比赛过程中出现意外事故，便立即实施救助。

基于此，大学在构建相应的医疗保障体系时，应当从两个方面着手：①提升相关医疗人员的专业素养，通过开展相应的培训，定期对医疗人员的技能水平进行考核，以及通过设置奖罚制度来提高医疗人员的工作积极性。②健全校内的医疗保障制度，譬如构建应急医疗保障制度以及日常医疗保障制度等。

（四）大学体育安全管理的教育保障体系

1. 安全意识宣传工作

对于每一所大学而言，提升学生在大学体育课堂内和体育课堂外的安全意识是至关重要的。为了达到这一目标，学校应该制定一系列相关规定，并在安全教育的内容安排和周期安排中加以考虑。

安全教育的内容可以分为五个部分：体育教学、体育竞赛、课外体育活动、专业体育训练和大学生体质测评。在每个部分中，可以进一步划分不同的项目和动作，并针对每个项目和动作提供相应的安全知识。例如，对于篮球比赛，学生需要了解关于防扭伤和避免碰撞的安全知识；对于跑步训练，学生需要了解如何正确热身和防止拉伤等。

在内容安排方面，学校可以设计课程来传授相关的安全知识。例如，在体育教学中，教师可以结合具体的体育动作和技巧，向学生介绍安全注意事项，并演示正确的操作方法。在体育竞赛中，组织方应提供安全指导和紧急救援措施，确保比赛过程中的安全。课外体育活动和专业体育训练也应该配备专业教练和安全监督员，以指导学生进行安全的锻炼和训练。此外，定期进行大学生体质测评可以帮助学生了解自己的身体状况，并鼓励他们采取适当的锻炼方式。

除了内容安排，周期的安排也是安全教育的重要组成部分。学校应该制定明确的安全教育周期，并将安全教育纳入日常教育活动中，可以将安全教育与其他学科相结合。例如，在生物课上讲解人体运动的生理变化和潜在风险，在心理课上讨论竞技压力对学生安全的影响，等等。此外，学校还可以定期组织安全演习和培训，以增强学生应对紧急情况的能力。

2. 教师教授的体育安全意识知识技能

体育安全是体育教育中不可忽视的重要方面，教师在传授体育知识和技能的同时，也要注重培养学生的安全意识和安全技能。这两个方面的内容相辅相成，共同构建起一个全面的体育安全教育体系。

（1）体育安全知识是学生必须具备的基本素养之一。学生应该了解体育活动中可能出现的各种风险和危险因素，比如运动中的意外伤害、过度训练引起的健康问题以及不恰当的饮食习惯对身体的影响等。教师可以通过课堂讲解、案例分析和多媒体展示等形式，向学生传递这些知识。例如，教授学生正确的热身和拉伸方法，教育他们如何判断运动装备的质量和适合性，以及怎样在运动中保持适当的水分摄入等。通过系统的体育安全知识培训，学生能够增强对体育活动的认知，提高避免和应对风险的能力。

（2）安全技能的培养是体育安全教育的重要内容。学生需要通过实际操作来学习和掌握安全技能，以保证在体育活动中的安全。体育教师可以组织学生参与各种体育项目的实践活动，指导他们正确使用器械和设备，掌握合理的姿势和动作技巧，以及学习应对突发状况的应急措施。例如，在篮球课上，教师可以教授学生正确的投篮姿势和防守动作，同时指导他们如何避免扭伤和碰撞等常见伤害。通过反复的实践和指导，学生能够逐渐提高技能水平，并培养出自我保护和他人安全的意识。

教师在传授体育知识和技能的过程中，还应注重培养学生的安全防护意识。这需要教师不仅仅要传授知识，更要以身作则，成为学生的榜样和引导者。教师可以通过自己的言行举止，引导学生养成正确的运动习惯和行为规范，比如坚持戴护具、遵守比赛规则、尊重他人等。

同时，教师还应该倾听学生的问题和困惑，耐心解答他们的疑问，帮助他们理解体育安全对个人健康和成长的重要性。通过这种方式，学生能够认识到体育安全不仅是个人责任，也是对他人和整个团体的尊重和关爱。

二、大学体育教学保障资源中的器材与经费管理

（一）体育器材的管理内容

体育器材是体育课程教学经常使用的设备和教具，随时做到设施齐备、安全卫生、使用方便，这都需要通过有效的管理来实现。

1. 体育器材的配备管理需满足的原则

（1）满足体育课程教学的原则。保证体育课程教学的正常进行，是配备体育器材的首要条件。随着体育选项课的开设，学生可选的体育课程在逐渐增多，课堂教学、群体活动和业余训练对体育器材的种类和需求也逐渐多元化，但无论怎么变化，保证体育课程教学始终是第一位的。

（2）满足大型比赛的原则。体育的特点之一是竞赛多、规则多。无论什么体育竞赛，在竞赛规则上都有针对该项目器材的规定。所以，购买体育器材首要的是符合竞赛规则，而且为了承接大型比赛，体育器材的档次要相应地提高。

2. 体育器材的摆放管理

体育器材摆放的朝向应遵循体育活动的规律。一般情况下，室外体育器材应南北放置，使从事体育活动的人尽量避免面对太阳做动作。室外游泳的出发台和跳台应尽量由南向北，避免眼睛受太阳光的直射。

每一件体育器材的摆放，都要在周围留有足够的活动区域，以免造成不必要的伤害事故。

（1）双杠与双杠之间必须留有双方在同一区间下杠而不受干扰的区间。

（2）单杠下的沙坑，前后要留有足够的下杠区域，特别是高杠的背后区域要大于前面区域，以防练习者正握杠后摆时意外脱杠掉下。

（3）乒乓球台左右应有不少于2米的活动区间，前后应有不少于4米的活动区间。

（4）室外联合器械如秋千和浪桥，摆动的方向前后不能有障碍，而且周围需安放警告标志或安装护栏。

（5）杠铃等健身器材周围2米内不能有其他人活动。

3. 体育器材的采购管理

体育器材的采购是大学体育部门的经常性工作。除新建体育场馆一次性增添设备外，很多体育器材属于消耗品，每年都要购买。为了保证大学体育器材经费每一分钱都用在学生身上，有必要了解体育器材的基本配备和质量要求，熟悉体育器材消耗状况，寻求进货的可靠渠道，规范采购的操作程序。

（1）采购计划的制订。体育器材的采购是大学的一件大事，它关系到大学体育课堂教学、群体活动和训练竞赛的正常进行，关系到大学投入的钱能否充分发挥经济效益，关系到一分钱能不能买到一分货。每年的体育采购必须在前一年末制订出采购计划的预算，采购预算要从以下四个方面着手制定。

第一，采购大型体育器材。大型体育器材是随着大学体育场馆建设来添置的，增加场地就要添置器材设备。但采购什么样的器材要事先计划好。一般情况下，大型体育器材属于笨重、移动困难、使用时间长、更换周期长的类型，所以，采购大型体育器材应该优先考虑品牌好、信誉高、质量优、性能稳定、安全可靠、售后服务及时到位的产品。大型体育器材的数量很容易计算，建设一个篮球场就应添置一副篮架，增加一个足球场就应添置一副足球门。

第二，采购小型体育器材。小型体育器材属于体积小、重量轻、移动方便的类型，要根据体育场地的数量、功能来添置。例如，一个羽毛球场配一副羽毛球网架，一间乒乓球室配几张乒乓球台，一个游泳池配多少个救生圈、多少块练习扶板，等等。

第三，采购需要考虑体育课程、开课班级和竞赛项目的增减。如体育课程、开课班级和竞赛项目有变化，体育器材也要相应地随着改变。特别是在增加部分上，一定要有新的采购计划。

第四，采购消耗性体育器材。体育器材的添置有一定规律，一所大学每年消耗多少乒乓球、羽毛球，损坏多少篮球、足球、排球等，要随着器材的使用逐步添置。

（2）采购器材的准备。

第一，实行集体采购的操作机制。商家为了推销自己的产品，有各种各样的促销手段。为了保证大学的采购真正做到一分钱一分货，实行集体采购是必不可少的。它有效地堵塞了漏洞，使大学的采购工作廉洁、高效。

第二，充分了解市场。体育器材市场有其自身的规律，随着使用材料、工艺的不同和进货渠道的不同等，价格呈波动趋势。所以，要买回货真价实的产品，采购之前一定要进

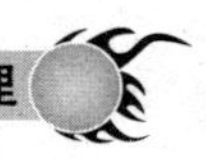

行市场调查。

（3）体育器材的挑选。怎么挑选体育器材需要理性思维。选用体育器材存在着理性取舍的问题，对于任何一种产品，需要在购买商品时根据实际情况来取舍。

第一，固定资产与消耗品的区别。体育器材中，使用寿命长、更换周期长的为固定资产。它要求质量优、性能稳定、安全可靠。它可能是大型器材，也可能是小型设备，在采购时应优先考虑它的品牌、信誉和高效的售后服务，价格只能放在次要的位置。使用寿命短、更换周期快的体育器材为消耗品。它要求好用、经济、实惠。它不一定要用好品牌，价格适中就可，经济实惠应放在首位。

第二，室内器材与室外器材的区别。室外比室内工作条件恶劣，选用器材应具有防水、防晒、抗磨损、经久耐用的功能。室内器材应选择比室外器材质量更好的产品。

第三，练习器材与比赛器材的区别。练习器材由于练习次数多、损耗大，一般选用质量可靠价格适中的产品。比赛器材对产品的质量和稳定性要求较高，一般选择品牌好、外观美、质量优、使用顺手、符合规则的器材。

第四，产品的性价比。体育器材不是越便宜越好，也不是越昂贵质量就越高。挑选体育器材，一定要计算价格与正常使用的关系。

第五，对篮球、排球、足球的选择。篮球、排球、足球是最受学生欢迎的三大球，课堂教学使用什么样的球是保证教学质量的一个重要环节。篮球是非常普及的球类项目，体育课上使用的牛皮篮球经常成为学生交换的对象。怎么做到既能上好课，又不至于丢失，是大学体育管理人员需要思考的问题。在实践中，可以找篮球生产厂家专门为大学生产专用篮球，在篮球上压制大学校名等图案，以便与其他篮球明显区别开。

排球和足球不能用牛筋球和橡胶球，可以让生产厂家在球上印上或压上大学校名，以区别于其他球。

排球有传统排球和软式排球之分。传统排球使用羊皮制作，价格昂贵，现在普遍采用“PU”材料制作的球。低档排球皮质硬，耐磨、抗水性能好，但手感差，学生不欢迎，建议买中高档排球。软式排球质地柔软，不伤手，学生喜欢，但吸水，容易损坏，不适合室外运动。

（4）体育器材的入库。器材采购的最后一个环节是验收、注册、入库。任何设备器材，采购回来后都应该及时验收、登记、入库，做到账物相符。这是器材管理必不可少的一个程序。入库之前，由器材管理人员对照采购清单，品名、品牌、型号、价格、数量一一查验，准确无误后签字认可，并将器材一一登记。

第一，器材登记簿。在器材登记账簿上，利用活页账簿的特点，一张纸记录一种设备器材，把器材采购的时间、品牌、型号、价格、数量一一登记。它的优点是直观、好操作。

第二，计算机管理。利用器材专用管理软件登记设备器材是目前比较实用的一种管理方法。计算机管理的优点是账表齐全，可以根据需要随时检查和调用相关资料，便于管理和决策。

4. 体育器材的使用管理

（1）金属体育器材的管理。金属器材需要保养与维护以保证长期保持正常状态，随时可以使用。防锈是金属器材必不可少的工作环节。

金属活动器材收回后，第一项工作就是清洁和防锈处理。有很多体育器材一年中使用的次数不多，随意摆放，不做任何处理，下次使用就可能已经锈坏。如发令枪、高级跳高架、高级排球架、跨栏架、室内双杠等，使用后应及时做防锈处理，妥善保管。

金属固定器材，特别是室外金属固定器材，每两年要油漆一次，以保证金属器材不生锈，能长期使用。

（2）电器设备的管理。电器设备要有固定的地方存放，经常保持正常的状态，保证随时可以使用。

第一，防尘。电器不用时，要及时断电、入库或覆盖，以防止灰尘的侵入。

第二，防霉，防电路不畅。电子产品有个特点，长期闲置不用对电器设备极为不利。所以，对闲置的电器设备每个月通电30分钟以上非常必要，不仅防止霉变，还防止电路不畅。

第三，防腐蚀。电器设备应该放置在干燥、无污染的地方，防止腐蚀；带干电池的电器设备在不用时，必须及时拆卸干电池，以防电池穿孔漏液，腐蚀损坏电器。

（3）秒表的管理。在体育器材中，秒表是昂贵的，又属于精密仪器的范畴。怎么使用秒表、怎么保管秒表，是体育教师和体育器材管理者应该清楚的。机械秒表的缺点是维修费用高，能走的表还不一定走得准。电子秒表的优点是只要能走，肯定是准确的，而且几乎不用维修。使用电子秒表比使用机械秒表要好得多。

第一，电子秒表的使用。①配备足够长的表带。电子秒表在使用前，必须给每块表配上表带。表带的长度一定要使表挂在脖子上正好垂在肚脐的高度，以方便使用。②电子秒表的电池要经常保持有电。电子秒表的缺点就是如长期不使用，电路可能会出问题。所以，电子秒表在不使用时，也要让它保持在走的状态，千万不要为了节约电把电子秒表的电池卸下。③挂在脖子上。把秒表挂在脖子上的目的是防止意外脱手掉在地上摔坏，严禁提在手上甩。④熟悉秒表的功能和使用方法。对于第一次使用电子秒表的人来说，首先要熟悉秒表的功能，知道怎么开表，怎么停表，怎么回表，在熟悉使用后才能工作。⑤掌握正确的操作方法。由于用手操作电子秒表可能会产生误差，所以，正确的操作至关重要。在计时时，正确的操作方法是右手握住秒表，用右手大拇指第一指腹压在第一表头上，握表的手要有依靠，靠在胸前或放置在大腿上，在看到发令员举枪时，大拇指应压下第一

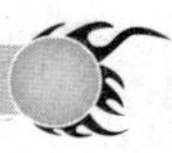

环，当看到冒烟或冒火光，立即压下第二环开表。停表也是用大拇指按下，回表一般使用食指按表；⑥使用秒表禁止做的动作。在使用秒表时，有的动作是严禁做的，如秒表不挂在脖子上、手持表带甩表等，这样特别容易发生意外事故把秒表摔坏。同时，电子秒表不宜暴露在阳光下，液晶显示屏惧怕阳光直射；⑦秒表每天都要回收。电子秒表在每天比赛结束后，一定要马上收回。

第二，电子秒表的保管。①节能操作。关闭闹钟功能和发声功能，使秒表处于静音状态；不用时把其他功能调到起始位置停止工作，调到时钟显示位置。②防潮防霉。秒表在不用时，要及时处理和收藏。首先要搞好秒表外卫生，去除表带污垢和汗水，晾干，然后把秒表收到干燥、避光的容器里，放进仪器柜，摆在较高的位置。③定期检查。检查电子秒表是否正常，是否受潮发霉。必要时拿出来进行短时间的晾晒，而后立即收藏好。

5. 体育器材的管理队伍

大学体育场地器材管理的时效性强、责任心强，有点与面结合、程序与临时结合、长期与短期结合、全面巡视与定点维护结合、普遍与重点结合、分工与合作结合等工作特点。所以，这个管理队伍要求人员稳定、业务熟练，能承担起全校体育场地器材管理的重任。为此，需要加强体育场地器材管理队伍的建设。

（1）管理人员应具备的条件。

第一，身体健康，思想成熟，性情稳定，体力充沛。管理人员需要面对体育场馆管理的各种挑战和压力。身体健康有助于他们应对工作中的体力消耗和应急情况，同时也能展现出积极的工作态度。管理人员需要具备成熟的思想和稳定的性情。体育场馆管理工作往往面临各种复杂情况，需要管理人员能够冷静、理智地处理问题，并作出明智的决策。他们需要具备较高的情绪稳定性，能够应对来自不同方面的压力和挑战。管理人员需要具备充沛的体力。体育场馆管理工作可能涉及搬运场地器材、组织赛事和活动，甚至需要应对紧急情况。拥有良好的体力水平可以帮助管理人员完成各项任务，确保体育场馆的正常运营。

第二，管理人员需要能够适应体育场馆管理工作的时效性和工作时间的不确定性。体育场馆通常需要在规定时间内提供场地和器材，而且经常会有突发的赛事或活动需要管理人员随时调整工作计划。因此，管理人员应具备高度的责任感和灵活性，能够根据需要随时做出调整，以保证体育场馆的正常运行。

第三，管理人员应该能够长期驻扎在大学内，并能够灵活应对工作安排。由于体育运动的特点，体育场馆使用时间通常较长，需要管理人员能够适应不同的工作时间，并能够与大学内的师生密切合作，保证体育活动的顺利进行。

（2）管理人员的培训。

第一，熟悉工作环境。向管理人员介绍所要完成的工作任务及工作、生活环境，让他尽快熟悉周围的情况，进入角色，投入工作。

第二，思想培训。向管理人员介绍工作的特点、性质、工作范围、注意事项和场地器材管理各岗位的职责。在具体工作上，主要是卫生、场地器材保障、器材的保养与维护等。介绍并学习体育场馆各项管理制度，加强工作责任心，做好上岗前思想准备。

第三，岗位培训。培训的内容包括：①各种体育器材的特点与用途；②场地器材的保修维护；③各种体育场地的画法；④体育课程教学的各项保障工作；⑤每周周期性工作计划；⑥每天的工作程序及工作内容；⑦防火、防盗、节水、节电；⑧遇到紧急情况的应对办法等。

（3）管理人员的跟踪管理。体育场地器材管理人员也是人，也会出现各种情况，对体育场地器材管理人员也有长期跟踪管理的任务。要他们能安心工作，必须在待遇、思想、生活、工作，甚至在他们的家庭问题上真心实意地关心他们，不能把他们当外人看待。出现问题时要实事求是地解决、照章办事，严格要求又具有人性化。

在体育场馆管理方面，制度建设是一项长期而现实的工作。有了健全的规章制度，管理人员有章可循，有规可依，执法有理，违章可纠，让人们感到管理人员不只是执行者，他们的管理不是为自己，是为了保证正常的体育课程教学秩序。这样，有利于场馆器材管理者照章办事，也有利于体育管理者监督检查，使大学体育场馆器材高效、低耗、安全、方便地投入使用。

（二）体育经费的有效管理

大学体育经费管理是体育工作的基本组成部分，它关系到体育课程教学能否正常进行。学生上交的学费中，有一部分是用于体育知识的学习和开展体育活动，有多少经费用在体育课程教学上，怎样使用这些经费，充分发挥体育经费的作用，需要有效的管理。

大学体育经费管理分收支两个方面。大学对学生进行体育课程教学的支出包括体育场馆器材的投入、师资教材的投入、教学管理的投入等。大学除使用一部分学费外，可以利用现有的体育资源创收，包括对外开放体育场馆、挖掘体育师资潜力等。除此之外，建立健全规范化的管理，减少资产的人为与意外损失，杜绝资源的闲置与浪费，开源节流，是大学体育经费管理必须要考虑的。

大学一年的体育经费开支有很多，怎么能合理、高效地使用这些经费，是大学体育工作者必须认真对待的问题。以最少的投入换来最大的收益是经费管理的理念，人尽其才、物尽其用、钱尽其效是经费管理过程中应遵循的原则。同时，由于体育的特性，可以充分利用大学现有的体育资源，如体育场馆、体育器材、体育师资、优秀体育代表队、在校体

育人口和周边地区体育人口等开设体育俱乐部，进行招商引资、商业赞助、开馆办班、有偿服务、商业比赛、体育交流等多项经济开发活动，形成以体育为桥梁、需要为基础、爱好为导向的多种经营、供需结合、合作开发、互惠互利的新形势下市场经济管理模式，实现以馆养馆，提高大学体育场馆的使用率，增加收入，降低教学成本，将体育的经济效益和社会效益有机地结合起来，形成多赢局面。

大学体育场馆众多，一年用在水、电、器材添置和维护、场馆卫生和管理的费用要精打细算，加强管理，减少非自然消耗，增加经济效益。

1. 体育场馆的日常消耗管理

（1）降低体育场馆的水、电费用。

第一，体育场馆用水的管理。在体育场馆中用水的地方很多，如洗漱用水、厕所用水、打扫卫生用水、其他用水等都需要计算成本。对水的管理最需防止的是用水过量、长流水（无效用水）和水为他用等，所以，合理设置用水地点、采用节水器具、制定节水措施减少漏失、杜绝浪费、健全管理制度等硬件、软件都需要同步跟上。

第二，体育场馆灯光的管理。体育场馆的灯光以够用为原则，要根据不同的需要使用不同的灯光照度。体育场馆的灯光需要合理分布与组合，分一般教学、训练、群体活动、对外竞赛、商业活动等各种情况使用体育场馆的灯光，不要没有区别地随意打开所有灯光设备。而且，要做到人走灯灭，拉闸限电，避免浪费。

第三，体育场馆电器设备的管理。体育场馆的电器设备，也要根据需要的不同配备不同的组合。体育场馆的电器主要是满足一般教学、训练、比赛的需要，只需配备一般的电器设备。但也要配备满足大型比赛和其他如集会、文艺汇演的需求的高档音响。使用者根据不同的需要启用不同的设备，以节约用电。

（2）降低体育场馆的维修费用。降低体育场馆的维修费用主要从细微处入手。有时，小毛病没有及时解决，可能酿成大问题，所以，及时维修是节约经费的关键。体育场馆管理人员要有高度的责任心，经常巡视检查体育场馆的各个角落和设备器材，发现问题及时解决。

（3）降低体育场馆的卫生费用。体育场馆的卫生工作费用主要是卫生人员的合理配备和管理。体育场馆的卫生是一项长期而细致的工作，需要有人经常打扫，保持卫生状态。卫生人员的配备要根据体育场馆的面积大小、使用频率和使用状态来决定，以够用为原则。为了减少卫生人员，降低成本，可以充分利用学生的资源，如下课后留少数学生打扫所活动区域的卫生，或把体育场馆作为公共卫生区划分给学生，或利用大学大扫除、大面积打扫等方式等，定期、不定期地维持体育场馆的卫生。

（4）降低体育场馆的维护费用。体育场馆本身也有维护的问题，如外部和内部的美观和时尚，特别是对外开放的体育场馆为了保持美好的环境和吸引力，需要有计划地进行粉饰与装修。这笔不可少的费用，应该计入体育场馆的使用成本。一般情况下，5—8年进行一次装修是必要的。也可以利用局部维修时进行装修，可以利用体育场馆功能转换时进行装修。体育场馆的金属设施为了防锈，也需要1—2年有计划地进行一次金属防锈处理，以延长体育场馆的使用寿命。

2. 经济效益与社会效益管理

（1）招商引资，合作经营。有的体育项目可以采用向社会招商引资的方式，联合开发，共同经营。

（2）经营体育俱乐部。以大学体育场馆为依托，发挥大学、体育教学部、体育教师和社会办体育的积极性，开办体育俱乐部，对外开放，是目前新形势下大学体育与社会体育接轨的一个新思路。在全民健身计划的倡导下，大学体育场馆设施除服务校内体育活动外，大学周边的单位、团体和个人也需要借助大学的体育资源从事多种类型的体育锻炼。大学可以充分利用自己的体育资源，如体育场馆、体育器材、体育师资等优越条件，为广大的体育爱好者服务。为了满足社会对体育的需求，体育俱乐部可以多种形式提供服务。

第一，承接各种体育竞赛活动。可以与大学周边单位和社会团体取得联系，利用大学的体育资源指导他们的体育活动，承接各种体育竞赛，提供有偿服务。这既推动了周边社会体育健身运动的蓬勃开展，也为大学创收做出了贡献。

第二，办体育训练班。办群众喜爱的体育训练班是体育俱乐部的服务项目之一，如女子健美操班、男子健美班、体育舞蹈班、羽毛球班、乒乓球班等。

第三，承接文艺演出活动。利用大学体育场馆承接商业文艺演出，是体育俱乐部创收的途径之一。大学体育场馆设备齐全，可以充分利用来承接各种商业文艺演出活动。

第四，租借体育场馆。租借体育场馆为社会服务的一种形式，但要注意租借的时间段和项目，不能占用上课时间，租借的活动内容不能损坏体育场地器材。

3. 师生服务与社会服务关系

大学体育为社会提供服务是我国全民健身运动的需要，也是大学体育与社会体育接轨的必然趋势。在社会主义市场经济运作的大环境下，大学体育为社会服务应有一个健全的管理办法，以达到优势互补、互利互惠、相互促进、共同发展的目的。所以，大学体育为社会提供服务的同时，要处理好为校内师生服务的问题。

体育场馆的开放对内和对外应该有区别。学生上体育课时间、课外活动时间，体育场馆都应向全校师生开放。休息时间和节假日，体育场馆可以向社会开放，为社会体育爱好者提供服务。为了兼顾两方的利益，并妥善处理好社会效益与经济效益之间的关系，在管

理上可以采用多种模式。

（1）校内校外区分管理。开办体育俱乐部的主要目的是吸引校外的体育爱好者以发挥大学现有体育资源的作用。对待校内和校外来体育俱乐部活动的人员，在收费管理上要有严格的区别。本校学生要给予优惠待遇，校外人员则应参照社会价格执行合理的收费标准。

（2）按时间段管理。为了区分优惠与不优惠，以时间来划分比较好操作。星期一至星期五的体育课和课外活动时间规定只对校内学生开放，休息时间和节假日规定对所有人员开放。

（3）按身份管理。

第一，在校学生是大学体育服务的主体，在上体育课和开展课外活动时间，享有特殊的待遇，大学体育资源要优先学生使用。学生应该充分利用这两个时间从事体育锻炼。

第二，只要不影响教学和其他体育活动的正常开展，在校教职工在开放时间内都可以进入体育场馆从事体育锻炼。

第三，社会体育人口是大学体育提供额外服务的主体，也是大学体育与社会体育接轨的直接受益者。但由于他们来源于社会，大学体育提供的服务应该是有偿的，同时，也只限于体育课、课外活动和训练竞赛以外的时间从事锻炼。社会体育人口应该充分利用大学的体育资源，在业余时间和节假日，来大学体育场馆进行体育锻炼。

三、大学体育教学保障资源中的现代化设备管理

体育课程教学对现代化管理的要求越来越高，现代化设备成为体育工作的工具已成事实，而体育教师是最需要使用现代化设备的职业。教学设备的变革就很能说明问题。以前的教学设备是哨子、皮尺和秒表，随着形势的发展传统教学设备已经不能完全满足体育教学的需要，增加的教学设备都是以计算机为中心的各种仪器和智能化设备的“新三样”，需要及时开发和利用。面对新的形势，体育教师和体育管理人员需要迅速了解和掌握新的教学设备为体育课程教学服务。

（一）现代化设备的类型划分

运用在体育课程教学管理的现代化设备分硬件工具、软件工具和计算机高级语言三大类。

1. 硬件工具

现代化设备的硬件工具有计算机、照相机、扫描仪、录像机、数码相机、电视、投影仪、学生体质健康标准智能化测量仪器、田径竞赛电子测量仪器、游泳竞赛电子测量仪

器、网络设备、打印机、电话、手机、传真机等。

2. 软件工具

现代化设备的软件工具有办公自动化系统、多媒体、数据库、翻译、网络/通信、文字/图形处理、程序设计、安全保护、网页制作、音像编辑播放、体育应用等。

3. 计算机高级语言

现代化设备是以计算机为中心工作的，它们的正常使用需要计算机高级语言作为媒介来实现人机对话，让计算机完成体育课程教学工作。计算机高级语言有BASIC、PASCAL、C++、JAVA等。

（二）现代化设备的主要作用

现代化设备性能稳定，方便快捷，易学易懂，从各种文字、数据处理、信息传递到声音、影像编辑播放，无所不能。它使体育教学更加直观、新颖、丰富多彩，而且采集数据准确、可靠。以智能化测量仪器为例，传统的机械秒表能走但不一定走得准，手控的电子秒表只要能走就一定是准确的。智能化计时设备不但准确，而且能同时记录多人成绩，迅速判断排列名次，存入计算机，它从根本上排除了人的误差，测量的数据客观、可比性高。以信息传递为例，随着电话、手机、传真机、网络信息平台等现代化通信设备的普及，电报和通知公告栏的功能将逐渐退化。

大学体育工作实现科学管理，有待全面发挥现代化设备的功能。现代化设备的功能强大，优势明显，用来管理大学体育工作，必须熟悉功能和作用，才能在工作中使用起来得心应手。

1. 体育课堂成绩管理

体育教师每学期都需要处理大量的数据，这些数据需要逐一对照考核标准、评定分数，并按照统一的计分办法进行成绩统计。

智能化测量仪器的引入，极大地简化了体育教师的工作流程。传统的数据处理需要教师逐个记录、计算和核对，耗费了大量的时间和精力。然而，智能化测量仪器能够在测量过程中自动收集和记录数据，减轻了教师的负担。通过与电脑结合，仪器能够迅速将数据传输到计算机上，然后根据预设的考核标准和计分办法自动评定学生的分数。这种自动化处理不仅提高了效率，还减少了人为错误的可能性，确保了成绩的准确性和客观性。

智能化测量仪器的优势不仅在于数据处理的速度和准确性，还体现在数据的传输和共享方面。通过网络传输数据，学生可以随时随地通过网上查询自己的体质健康成绩。这

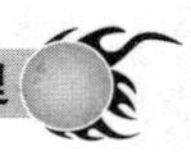

为学生提供了便利，使他们能够及时了解自己的身体状况，并根据需要采取相应的锻炼措施。此外，通过智能化测量仪器和计算机的结合，学生还可以得到个性化的运动处方，根据自己的体质状况和健康需求进行有针对性的锻炼。这种个性化的指导有助于学生制订科学合理的运动计划，提高身体素质，增强健康水平。

智能化测量仪器的应用对于学生的体质健康具有重要意义。通过及时了解自己的体质状况，学生可以更好地调整自己的锻炼方式和运动强度，避免过度锻炼或锻炼不足的情况发生。定期进行体质健康测量并根据测量结果进行科学的锻炼，有助于预防和改善许多健康问题，如肥胖、心血管疾病等。此外，健康的身体状况还与学生的学习和生活质量密切相关。通过提升体质健康水平，学生可以更好地应对学习和生活的压力，提高学习效率和生活质量。

2. 体育运动管理

（1）校运会总记录管理。使用计算机可以代行总记录处的工作，迅速处理校运会的成绩，并马上在校园网上公布最新竞赛结果。

（2）运动竞赛管理。使用体育竞赛管理软件，可以临场输入统计数据，迅速了解关键的技术参数，找到突破口，改变战略战术，及时掌控比赛进程，取得更好的成绩。

（3）技术动作分析。使用录像设备，可以对运动员的技术动作及时进行分析；使用体育技术分析软件，可以把录制的影像资料与优秀运动员进行比较分析，找出缺点和不足，找出改进的办法和途径，改变以往只凭经验训练的陈旧方法，迅速提高运动技术水平。

3. 体育理论课和体育欣赏课

（1）多媒体技术为体育教学提供了丰富的表现形式。通过插图、照片和视频等视觉元素，教师可以将抽象的理论概念转化为具体的形象，使学生更容易理解和记忆。例如，在解释运动技术的步骤和要点时，教师可以通过多媒体课件展示相关动作的实际演示，使学生能够清晰地看到正确的动作形态。这种直观的展示方式帮助学生更好地掌握技能，提高他们在实际操作中的准确性和流畅度。

（2）多媒体技术可以为体育欣赏课程带来更丰富的体验。通过运用音频、视频和音乐等元素，教师可以将经典的体育比赛、优秀的运动员表现或者体育历史故事呈现给学生。这种身临其境的感觉可以激发学生的兴趣和热情，增加他们对体育的理解和欣赏。比如，在教授篮球比赛战术时，教师可以通过多媒体技术播放篮球比赛的片段，让学生亲身感受到比赛的紧张氛围和战术的运用，从而培养学生对篮球比赛的兴趣和热爱。

（3）多媒体技术可以提高学生参与课堂的积极性和互动性。通过设计互动性强的多媒体教学内容，教师可以鼓励学生参与课堂讨论和问题解答。例如，教师可以在电子教案中设计多个选择题或填空题，学生可以通过点击屏幕选择答案或者在指定区域输入答案，这样不仅能够帮助学生巩固知识，还能够及时了解学生的学习情况，为教师调整教学策略提供参考。

4. 网上选项

在开设体育选项课的情况下，可以在网上让学生自主选择上课内容、自主选择上课时间和自主选择任课教师，方便体育选项课的操作，使管理者及时了解学生选项的集中趋势，合理安排体育课堂教学资源。

让学生自主选择上课内容，可以更好地满足学生的个性化需求。不同的学生对体育领域的兴趣和偏好各不相同，有的可能对篮球感兴趣，而有的则对游泳或足球感兴趣。通过提供一个网上平台，学生可以根据自己的兴趣爱好选择自己感兴趣的体育项目作为选修课程内容。这样，学生将更加主动积极地参与体育选修课程，对于体育锻炼也会更加有动力和热情。

让学生自主选择上课时间，也能够增加选修课程的灵活性。学生在学业和其他活动之间有时会面临时间冲突的问题，通过让学生自主选择上课时间，可以更好地适应学生的个人时间安排。学生可以根据自己的时间表，选择适合自己的上课时间段，这样不仅能够减少学生因时间问题而无法参与选修课程的情况，还能够提高选修课程的参与度和效果。

此外，让学生自主选择任课教师，也是一种鼓励学生参与体育选项课程的方式。不同的教师在教学风格、专业知识和经验等方面存在差异，有的教师可能对某一特定体育项目更加熟悉和擅长。通过让学生自主选择任课教师，可以更好地满足学生对于教师特点和教学方式的需求。学生可以根据自己的偏好选择自己喜欢的教师，这样既能够提高学生的学习积极性，又能够促进学生和教师之间的良好互动。

5. 网上体育教学

建立校园网体育教学网站，在体育课堂教学之外设立第二教学平台，把与体育课程教学相关的体育知识和运动技术技能及其他体育运动资料上传到网上，帮助学生了解教学内容、教学过程、教学方法和体育考核标准与评分办法，促使学生自主、自觉地参与体育教学和课外体育锻炼。同时，把国家有关体育的法规文件、校内体育规章制度等传到网上供学生浏览学习，增强法律意识，养成遵纪守法的习惯。

6. 网上师生互动

通过校园网搭建一个师生互动平台，让教师与学生在网上交流信息，改进教学方法，加强师生教学双方的默契配合，达到加深了解、增进友谊、相互理解和支持的目的。建立

体育教学部与广大学生的互动平台，体育教学部主任可随时了解学生对大学体育工作的建议和意见，及时采取措施改进工作方法。

7. 网上信息传递

利用网络的优势，可以建立多种信息传递通道。校园网与其他院校体育网站链接，了解兄弟大学的体育活动动态；把大学重大体育竞赛活动计划上传，供各部门有计划地参与；设置学生体育协会网页，给学生业余体育活动提供信息传播的便利；在网上专设体育活动信息公告栏，及时向全校师生发布体育活动消息、进程和结果。借助网上信息平台，构建全方位、立体式的体育教学网络，为全校师生服务。

（三）现代化设备的运用形式

现代化设备有很多种类，需要根据它们各自的特点和优势，有针对性地运用到体育课程教学管理中去。

1. 电子表格形式

电子表格是由行与列组成的二维矩阵，矩阵中的每一个元素都可作为一个存储单位，它可以是数值、变量、字符、公式、声音和图像等。Excel是集电子表格、图表、计算、数据库管理功能于一身的管理工具，在数学统计的范围内，可以处理有关二维表格中的诸多问题，具有功能强大、方便等特点。电子表格不但可以进行一般的数字运算，还可以将函数编入公式进行较复杂的运算。在制作好一个电子表格后，可以对该文件进行复制，对于采用同一标准和方法计算体育成绩的不同班级使用同一表格处理数据，方便而快捷，特别适合于体育教师对体育成绩的统计和分析。电子表格还可以作为报表被打印出来，作为成绩上报和存档，便于师生查找体育成绩。

2. 幻灯片形式

在现代教学中，幻灯片已经成为一种广泛使用的教学工具。它可以通过电脑和投影仪等设备，将图像、文字和视频等多种形式的信息呈现给学生。对于体育理论课和体育欣赏课这样的课程，幻灯片可以起到很大的辅助作用。

（1）幻灯片可以使教学内容更加生动有趣。通过插入图片、动画和视频等多媒体元素，可以让学生更加直观地理解和感受体育运动的本质和魅力。比如，在介绍篮球规则时，可以插入一段精彩的比赛视频，让学生感受到比赛的激烈和技术的精湛。这样的视觉冲击不仅可以提高学生的兴趣，还能够激发他们对体育运动的热爱和参与。

（2）幻灯片可以帮助整合和呈现大量的资料。在体育理论课中，可能需要向学生介绍运动生理学、运动心理学等专业知识。通过制作幻灯片，可以将这些知识点有条理地展示出来，帮助学生更好地理解和记忆。同时，幻灯片还可以用来展示运动技术的步骤和要点，让学生通过图文并茂的方式更好地学习和掌握。

（3）幻灯片可以作为学生学习的参考资料。制作好的幻灯片可以保存并提供给学生，供他们在课后进行复习和巩固。学生可以通过回顾幻灯片中的内容，再次温习和加深对知识的理解。这样，幻灯片不仅可以在课堂上起到辅助教学的作用，还可以成为学生自主学习的重要工具。

3. 体育管理专用软件

在现代大学体育领域，许多重要的工作需要依赖专门的软件来实现，这些软件通过计算机进行操作和管理。无论是大学体育成绩管理、学生体质健康标准测量、运动技术动作分析、体育竞赛分析、运动会总记录管理还是体育科研，都离不开这些软件的支持。这些软件可以通过自编程序的方式来开发，也可以通过购买的途径来获得。

4. 网页形式

网页作为一种网络教学工具，已成为传授体育知识的重要载体。它不仅为体育课堂教学提供了有力的补充，还为学生课外体育锻炼提供了全新的课堂形式。同时，网页还为体育远程教学提供了便利和可能。

（1）网页的应用为体育教学提供了极大的便利。传统的体育课堂教学往往受到时间、地点和设备等限制，而通过网页教学，学生可以随时随地进行学习。无论是在学校、家里还是其他地方，只要有网络连接，学生都能够方便地获取到丰富的体育知识。这为那些由于时间和空间限制无法参加传统课堂教学的学生提供了更多学习的机会。

（2）网页教学对于课外体育锻炼的促进起到了积极的作用。传统的体育课堂教学主要侧重于学校体育课程的内容，而对于学生课外的体育锻炼往往关注较少。而通过网页教学，学生可以获取到更广泛、更多样化的体育锻炼方法和知识。网页上的体育教学资源可以涵盖各种体育项目的技能训练、体能提升、健康知识等内容，学生可以根据自己的兴趣和需求选择适合自己的锻炼方式。这样，学生不仅能够在学校的体育课堂上学到基本的技能和知识，还可以通过网页教学进一步丰富和拓展自己的体育素养。

（3）网页教学为体育远程教学提供了新的可能性。在一些特殊情况下，如疫情期间、学生无法亲临体育场馆等情况下，通过网页教学可以实现体育远程教学。教师可以通过网络平台向学生传授体育知识和技能，学生可以在家中进行相应的体育训练和实践。虽然远程教学无法完全替代传统面对面的体育教学，但在一些特殊情况下，它为学生提供了一种继续学习和锻炼的途径，保证了学习的连续性和稳定性。

第三节 大学体育教学中师资队伍的管理

一、大学体育教学中教师的执教能力

（一）教学组织能力

课堂教学组织能力是上好体育课的重要条件。体育课一般在室外进行，外界环境干扰较大，学生人数多，而且学生的兴趣和爱好不一致。因此，体育教师必须具备较好的组织管理能力，如课堂教学、课余训练、课外活动、体育竞赛的组织管理以及对学生的思想疏导等。

在教学中，体育教师要严格地执行课堂常规，注意课的结构和时间的合理安排，以及教法的合理运用，从而保证体育课的教学密度和运动负荷，提高体育课的教学质量。在教法方面，体育教师要做到讲解精练、示范正确，能抓住重点和难点，因材施教，激发学生的练习兴趣，有效地调节、控制整个教学活动，提高学生的思考能力和分析能力，及时发现和纠正学生的错误动作，采用有效的保护措施，防止伤害事故发生，以提高教学质量。

（二）教学评价能力

教学评价是教师应具备的教学能力之一，包括课中评价和课后总结两个方面。

课中评价主要是体育教师对学生在课堂上的活动做出及时、恰当的言语评价。言语评价的作用在于能让学生及时了解自己的学习结果，从中获得反馈，提高学习兴趣和效果。同时，学生可以从肯定性的评价中获得心理上的满足，从而保持学习的积极性和主动性。

课后总结包括课堂总结和课后小结。课堂总结主要是体育教师对学生在课堂上的表现做出恰如其分的评价，总结优点，找出不足，指出努力方向。课后小结主要是体育教师对课堂上的组织教法、课的实施状况及教学效果进行一个全面的分析和总结，并提出改进的意见和方法。

（三）信息处理能力

1.教师信息能力的提升原则

（1）系统性原则。人类已经进入信息社会，为了进一步适应信息社会的发展，人们必须要具备一定的信息素养，这是当今时代对人的基本素质要求，对于体育教师也是如此。所以，在提升体育教师信息素养时，必须要全方位地进行考虑，不仅要求教师要扎实掌握信息技术理论知识，而且还要了解信息伦理、信息安全等其他知识，不仅要求教师在体育教学过程中要具备信息消费意识，而且还要能够有意识地向学生共享知识，丰富学生的知识体系。最重要的是，体育教师必须要将自己的信息能力运用到体育教学中去，实现信息技术与体育课程的整合。在整合过程中，教师可以进一步提升自己的信息能力，体育课堂教学的效果也能得以提升，学生的信息素质也能够有所提升。

（2）针对性原则。

第一，利用计算机和网络等信息技术进行教学的能力。随着教育信息化的逐步推进，社会上涌现出来的一些新的信息技术开始在体育课堂上被使用，这些信息技术进一步增强了教师与学生间的互动，同时还让体育课堂教学的有效性得以实现。利用这些信息技术，教师可以给学生提供更加多样的内容，同时也能选择更加合适的教学模式，这样学生也会获得不错的学习体验，从而更加自觉地进行体育知识学习。

第二，利用计算机和网络来获取信息的能力。计算机与网络是这个时代非常热门的字眼，尤其是在教育领域，这就要求每位教师具备熟练操作计算机、运用网络的能力。信息技术不仅带来了教学模式的改变，同时也带来了学生学习模式的改变，在信息化的学习环境中，学生学习质量的提高与自己的资源获取能力有着密切的关系。以前，教师可以在课前收集相关资料，以供学生学习。但是现在，教师需要积极鼓励、引导学生自行从互联网上获取知识，同时还要就获取的方法给予学生恰当的引导，以保证学生获取知识的效率与质量。如果从表层来看，在学生获取知识的过程中，教师的角色似乎被淡化了，其实不然，教师需要具备比以往更全面的素质，不仅要求教师自己要具备较高的信息能力，而且要求其可以培养出信息能力强的学生。

（3）分层次原则。教师信息素养的获得与提高可以通过培训进行，但是在培训过程中，大学要清楚的是，每一位教师生长的环境不同，教育背景不同，这就要求大学必须要根据教师的实际情况进行分层次培训。一般来说，培训的内容主要包括以下三个方面。

第一，普及层面。这一层面的内容涉及普及最基础的信息技术，培训对象为那些信息能力比较差的教师，不仅培训他们的信息知识，而且还会培训相应的信息技能。进行这些基础培训的主要目的是，要让教师充分掌握信息技术的一些基础操作与技能。同时，这一培训模式具有较强的模仿性，也带有一定的强制性，不少学校已经出台相关规定，要求教师必须要满足这一基本要求。

第二，提高层面。一些掌握了基本信息技术的教师将是重点培训对象。要求教师不仅要能扎实掌握这些信息技术，而且还能在体育课堂教学中灵活应用。也就是说，实现信息技术与体育课程的有效融合。培养的目的是让教师掌握其必须要掌握的基本技术，同时还

能将这些技术进行内化，转化为教师可以在课堂上应用的能力。

第三，深入层面。这是对教师信息素养培养的最高层面，主要的培养对象是信息技术骨干。要求他们不仅能全面掌握信息技术，还能在很大程度上创造性地运用这些技术，更重要的是，还能根据这些技术与课程要求挖掘资源、开发软件。对他们进行培养的目的就是使其可以通过自己较强的信息技术能力指导其他教师，从而使全校的信息技术能力都能有所提高。

2. 教师信息能力的提升策略

（1）国家层面。

第一，转变建设思路，整合系统资源。当前，大学教学信息化建设还有很长的一段路要走，其中还存在不少问题。所以，教学信息化必须要突破教学组织的壁垒，改变原有的教学信息化建设思路，在紧抓软硬件资源的基础上，加强教师的理论培训，优化各教学组织的职能，从而形成更为科学的教学信息化建设方案；要真正打破原有教学的思维惯性，从根本上提高教学的质量，使信息技术可以全方位融入大学教学中；选择一些在教学信息化建设过程中有着不错成果的大学，将他们的先进经验推广开来。

第二，保证政策支持，加大经费投入。国家要重视大学信息化建设，颁布一些能够促进教师信息能力提高的政策，同时还要尝试放权，让大学可以在教育信息化过程中拥有较大的自主权，提升教师的地位；教师信息能力的提高需要大量的资金，国家应为大学与教师排除这一后顾之忧，注意向大学拨出相关款项，鼓励教师进行技术革新；改变大学教育信息化考核机制，在原有考核机制的基础上加入地区性的考核机制，从而在更加广阔的范围内加强大学信息化考核，让教师的信息素养培养可以获得全方位检验；还要重视教师的专业化发展问题，对于那些在信息技术与体育课程融合过程中做出突出贡献的教师，要给予适当的奖励，同时，还要进一步完善教育信息化政策制定与运行机制，让教师可以积极参与进来。

第三，加强资源建设，发展交流平台。大学不应该闭门造车，而是应该以开放的眼光看待教师信息能力的提高问题，一方面，可以向其他国家大学学习先进的教学信息化经验。另一方面，要进一步加强与企业的合作，借助企业的研发力量，为大学提供信息化教育平台。同时，利用这些信息化教育平台，教师还能完成更加高效的互动，彼此之间可以共享教育资源；还要为教师建设资源库，不过，资源库的建立要结合教师的实际需求。

（2）教育行政部门层面。

第一，转变观念，认识到信息素养教育的紧迫性。人的行为总是会受到思想的指导，因此要真正提高教师的信息能力水平，就必须要让教师从思想上重视这一问题。教育信息化改变了传统的教学环境，让教学环境得以真正优化，教师在优化的教学环境中能够更加自如地践行自己的教学理念。信息技术与体育教学实现融合是时代发展，也是体育教学发展的趋势，各教育主管部门必须要清醒地认识到这一问题，认识到体育教师在这一过程中的重要作用，从而采取一切手段转变教师的教学理念，提高教师的信息能力。

第二，为教师信息技术水平的提高创造条件。职前教师在上岗之前会接受很多的培训，但是当教师真正上岗之后，要面对繁重的教学任务，因此，接受培训的机会并不多。但是，随着教育信息化进程的不断推进，教师必须要逐步提高自己的信息能力，这就要求在对教师进行信息素养培训时可以从教师教学的实际出发，采取更加灵活的方式。

一般来说，对在职教师进行培训的方式主要有四个方面：①专业进修。这种方式是教师为了获得更高的学位或者专业水平而参与的进修活动，由于是涉及专业内的一种培训，所以一般培训的内容都比较系统，且有一定的难度。需要指出的是，并不是所有的教师都会接受专业进修，也就是说，这种培训方式并不具备一定的普遍性。②短期培训。这种培训活动一般都是由各地方院校以及教育管理部门共同牵头的，培训的范围比较大，但是培训的时间并不长。比如，由当地教育主管部门组织的所属地域范围内的各所大学骨干教师培训就是短期培训的一种形式。③校本培训。这是在本校范围内进行的一种培训活动，通常是在教师寒暑假或者周末进行。这种培训的模式也是多种多样的，可以是专题讲座，也可以是教学观摩等。培训的内容比较有针对性，同时还具有很强的实用性，又因为可以将信息技术与体育课程有效结合起来，所以，培训的效果一般非常好。④自发研修。这是教师自发进行的提高信息技能的活动，教师在闲暇时间可以阅读与教育信息技术有关的专业书籍与期刊，也可以参与一些与信息技术有关的研讨会。同时，还可以积极参与信息技术教研活动。

通常情况下，在具体进行教师信息技术培训时，需要做到：①健全教师信息技术培训体系。教师信息技术培训工作是一个长期的工作，它必须要贯穿在教师职前与在职的每个环节中，既要在教师没有到岗之前对其进行信息技术基础知识的培训，也要在其到岗之后对其进行较为全面的信息技术培训以及信息技能提高培训。②丰富教师信息技术的培训内容。教师信息技术培训不能着眼于表面，仅仅对教师进行信息技术理论知识与基础技能操作的培训，而是应该结合体育学科的特点以及体育教师的实际需要，对其开展有针对性的培训。③完善教师信息素养评价机制。教师信息素养培养工作需要监督与考核，才能确保工作的顺利开展。因此，教育主管部门应该重视对教师信息素养的评价，建立相应的评价机制，评价机制不能像过去一样只重视教师通用信息技术的掌握情况，而是要重视教师进行技术与课程融合的能力。通过对教师信息素养进行评价，教师可以进一步认识信息技术，同时也能逐步加深对信息技术与课程融合的了解。同时，教师还要将自己的情况积极进行反馈，从而使教师信息素养评价机制能够更加完善，教师也能够在提高自我信息素养方面有着更加科学的指导。

此外，充分利用一切可以利用的渠道，对教师信息素养培养的过程进行关注；还要调动其他部门的力量，运用远程教育手段共享教育资源，使不同大学的教师之间可以进行友好互动与交流。

（3）大学层面。

第一，建制专门机构，推动专业发展。在信息时代背景下，大学体育教学也必然有其发展的趋势——教学信息化。国外在设置教师教学发展体系方面有着较为成熟的经验，所以可以借鉴国外先进的经验，在结合我国教师培养实际的基础上，创新出适合自己的教师培养模式。为了进一步推进教学改革，提高教学质量，大学要树立为教师服务的意识，整合多方教学资源，为教师建立良好的培训机制，最重要的是，要为教师建立教师教学发展中心，能有一个专门的机构掌管教师工作，这样就能使教师在获得更加高效的服务同时，使其信息素养培养更加科学。

整合统筹教学资源，通过教学交流和教学研究提升教师教学能力。教师教学发展中心首先必须要明确自己的地位，在此基础上要赢得学校的支持，然后在学校各部门的配合下推动教师发展工作，从而有效保证教师间的互动与交流。另外，教师教学能力提升的一个关键在于教师自身的反思，因此，教师教学发展中心也应该认识到这一问题。在教师专业发展理论的支持下，在教师课堂教学的实际情况的基础上，创新教学介入模式，让教师可以全面地对自己的教学过程进行审视，从而使其可以更加了解自己的教学优势与不足。大学还可以为教师组织一些教学研讨会与咨询会，让教师彼此之间进行交流，从而使其可以从别的教师那里了解教学信息化的其他方法，促进自身能力的提升。

突出服务意识，内在引导教师的教学行为。教师教学发展中心在给教师提供服务时不能想当然，而是要从教师的实际需求出发。一方面，每个教师都是不一样的，在教学理念、模式等方面有着显著差异，这就要求教师教学发展中心可以向教师提供个性化教学咨询服务，可以邀请一些在教育领域有影响力的专家坐镇；另一方面，对于那些在教学过程中尽了力却没有获得理想的教学效果的教师，要为他们建立档案，根据教师教学效果不佳的原因有针对性地对教师进行帮扶，最好可以深入教师的课堂，从而从实际出发为教师提供教学的可行化建议。

实行灵活多样、长期有效的培训机制。教师教学能力的提升除了需要教师自觉加强教育教学知识的学习，还需要对新青年教师进行培训，因为这部分教师教学经验不足，容易在教学中不知所措。因此，大学必须转变固有的培训观念，在借鉴其他大学培训经验、结合本校教师实际情况的基础上探索新的培训模式，从而进一步丰富培训模式体系，让教师可以获得更加丰富的培训体验。

第二，促进科教融合，引导教学创新。在信息技术的辅助下，知识的更新速度变快了，这就要求教师能时刻在专业知识学习方面保持较强的渗透性与前沿性，能时刻把握专业知识的研究轨迹，也就是说，要从学术角度对专业知识予以把握，这种对学术研究成果进行把握与总结的活动就是一种学术活动。同时这也表明，教师的教学活动必须要与教学的学术性要求相一致。可见，教学不仅是一种单纯的教师教、学生学的活动，它还充斥着大量的学术成果的应用。将教学与科研结合起来就是科教融合，科教融合是十分重要的，它实现了科研成果向应用的转化，同时还有助于教学模式从以教师为中心向以学生为中心发生改变，更重要的是，它在提高教学质量的同时，还进一步丰富了学术研究的成果体系。

积极整合课程研究与信息技术，创新教学模式。教师要摆脱原有的传统教学理念，将先进的、科学的教学理念融入教学中，还要根据学生的需求转变教学结构，在教学的每个环节中尽量使用信息技术，为学生营造真实的、有趣的情境，从而在较大程度上激发学生的积极性；虽然信息技术与课程整合并不容易，但是大学要积极鼓励教师进行这方面的工作，努力探索整合的规律；在信息技术与课程整合的过程中，教师可以获得更为先进的教学理念，同时也能探索出更加适合学生的新的教学模式。

推进教学与科研的互动机制，增加教师的科研活动。教学研究活动也是促进教学发展的一个有效利器，在研究成果的催化下，教师的教学观念发生了巨大的改变，教师的教学内容与教学方法也同时变化显著，这些教学层面的变化深刻影响了学生的学习，使学生的学习方式也因此发生了变化。科教融合是一个将科研与教学有效融合的手段，大学既重视教学又重视科研，因此，要求教师可以将科研与教学融合起来，实现两者的相互影响、相互作用，这样教师可以将科研成果应用到教学中来，教学实践也可以给予教师以科研思路与启发，从而确保教师可以完成更好的教学研究。在进行教学与科研活动时，要鼓励教师积极使用信息技术，从而促进教学与科研的发展与进步。

集中建设、推广应用精品在线开放课程。大学应根据教育部的相关政策，将精品在线开放课程引到教学中，并在分析本校教学实际的前提下，在本校内部推出一批优质的精品课程，当这些课程被推出来之后，大学就可以组织教师进行观摩与交流，这样就让教师了解到了信息技术在教学中的重要性，同时也认识到了精品课程与信息技术相结合的“威力”。

第三，健全评价体系，保障激励机制。建立合理的教师评价制度，完善指标体系和反馈程序。过去，教师评价制度比较单一，无法确保评价的科学性，因此，要从多角度出发，结合本校教师与学生的评价，进一步完善教师评价制度。要重视对教学质量评价指标体系的研究，要认识到教学是一个复杂的活动，其中每一个要素的变化都会带来整个教学系统的变化，因此，要对教师、学生、外部环境等教学要素进行重点分析，并在此基础上制定更加合理的量化评价指标，还要加强评价结果的反馈，这样教师就能认识到自己在教学过程中存在的不足，进而在后续教学过程中进行调整与改善，保证教学的质量。

建立良好的激励支持环境系统。大学应该借助信息技术为教师构建一个良好的教学环境，同时还要为其建立一个可以相互交流的学习平台，这样就为教师教学能力的培养与提高提供了坚实的物质基础，同时，大学还应该加大信息化硬件设施的投资，将那些能够促进教育信息化发展的信息技术设备引入校园之中，同时还要加大对校园信息资源的优化，从而使信息化资源可以获得科学的管理；在总结教学现状的基础上探析教育教学规律，并在校园内为学生营造一种自主学习氛围，同时，更要为教师之间的互相学习提供方便，让他们可以在信息交流平台上完成教学资源的共享与交流。

注重政策制度导向，保障教师教学能力的长效发展。教师的主要工作是教学，但是在教学之外其还有研究任务，大学要鼓励教师积极进行教学实践、教学理论等层面的研究，为教师的研究提供资金支持，从而进一步激发教师研究的积极性。

另外，要特别重视对教师进行精神层面的鼓励，在全校范围内培养信息化教学带头人，加强团队建设，从而让他们成为推动信息化教学发展的重要力量；大学领导要进一步确立教师培养在大学工作中的重要地位，转变教师培养理念，引导教师全身心地投入教学工作中；还要进一步规范教师的行为，采取一切必要的手段激励教师进行教学设计的优化工作，从而有效提高教学的质量；从信息化领域引入一批人才，从而使信息技术与课程教学的融合可以更具科学性与合理性；在信息技术的帮助下，建立相应的教师教学质量分析系统，从而全面掌握教师的教学动态，清楚教师的教学问题。

（4）教师自身层面。

第一，提高大学教师对信息技术的绩效期望。信息技术能够满足教师应用信息技术改善教学的需求，这就是绩效期望。一般来说，绩效期望可以极大地影响教师运用信息技术开展教学活动的意愿。

让大学教师融入信息技术的环境。大学应加大资金投入，从整体上提高全校的信息化办公水平，让教师感受到信息化带来的便捷；同时，还要组织教师参观那些在教学信息化方面做得好的学校，让他们与这些学校的教师进行深入交流，从而了解别人优秀的教学经验，这对于提升自身教学能力至关重要。

贴合大学教师需求的技术研发。研发部门在进行技术研发时当然要考虑世界技术发展的趋势，考虑国内外教育发展的趋势，但是每个地区、每所学校的教育情况是不一样的，因此不能一味地与世界趋势相一致，而忽略了教育的本土化特征。而是应该在考虑本地区、本校教师实际需求的情况下进行技术的研发，这样研发出来的技术才能在课堂上发挥巨大功效。

第二，改变大学教师对信息技术的社群影响。教师周围的同事与朋友等使用信息技术的行为与感受对其所产生的影响就是社群影响，而且这种影响也特别显著。因此，大学可以经常组织教师畅谈使用信息技术的心得，这样教师就能从别人那里了解其他人使用信息技术的感受，如果别人的使用感受不错，教师也会自觉地接受信息技术，在课堂教学中使用信息技术。

大学层面建立有效的奖励机制。大学应该建立一套完善的奖励机制，鼓励教师进行基于信息技术的教学方法革新，对于取得创新成果的教师，大学可适当给予其一定的资金鼓励，这样教师不仅获得了进行科学研究的乐趣，还能在物质上获得满足，此后，教师势必更加愿意在教学中应用信息技术。

建立有关信息技术的学术沙龙。大学可以将对信息技术在教学中的应用这一问题有兴趣的教师集合起来，建立一个相关的学术沙龙，教师可通过商量确立每周或每月在哪一个具体的时间举行交流会，教师可在交流会上探讨自己在应用信息技术过程中出现的问题，也可以展示自己信息技术应用的成果，从而使教师可以实现彼此间的积极影响。

第三，提升大学教师对信息技术的努力期望。信息技术在教学中的应用越容易，教师使用信息技术的意愿就会越强烈，这就是努力期望，它同样也会影响教师对信息技术的使用意愿。

简化大学教师对信息系统的操作程序。教师在使用信息技术进行办公、教学的过程中，可以感受到信息技能操作是在自己的可操作范围之内的，这就说明教师达到了信息技术的努力期望。所以，大学教师所使用的信息技术应该尽量简洁、易操作，同时在内容上也要更加趋于智能化。

大学建立相关技术和学术指导部门。建立这一部门的主要目的是对教师进行有计划的培训与指导，这样才能保证教师培训的有效性，同时也能有助于显著提高教师的信息能力。在培训过程中，相关部门必须要创新培训模式，可以采用互帮小组、学术沙龙等形式开展培训，一方面能够增进来自不同大学的教师的了解，另一方面能让教师获得从不同视野看问题的能力。在相关部门的指导下，在教师自己的努力下，他们将会更加容易掌握信息技术，并能在课堂教学中高效完成应用。

第四，增强大学教师对信息技术的自我效能感。教师利用信息技术完成教学的自信程度就是自我效能感，效能感越高，教师认为自己利用信息技术完成教学的信心就越强。要想提高教师的自我效能感首先就是要让教师全面掌握有关信息技术的知识，提高其信息能力。因此，大学要注意加强对教师进行信息技术知识与技能方面的培训，从而使教师可以坚定自己可以在教学中高效运用信息技术的信念。

提高大学教师的信息意识。通过阅读与信息技术相关的书籍，教师是可以提高自己的信息意识的，所以，大学应该开放图书馆的所有资源，同时利用电子图书馆为教师提供实时指导，这样教师就能随时随地学习信息技术知识。

提高大学教师的信息技能。教师信息技能的获得与提高必然要从实践中来，因此教育管理部门与大学要多为教师提供培训的机会，不仅要培训他们信息技术理论知识，而且要

给予他们实操的机会，在实践操作中教师的信息技能才能得以提升。

二、大学体育教学师资队伍的信息化素养

（一）体育教师信息化素养的具体体现

1. 信息意识

信息意识在体育教育中发挥着重要作用。体育教师的信息意识包括对信息的敏感度和对信息的理解与应用能力。作为一名教师，体育教师需要具备敏锐的观察力和持久的注意力，以便及时捕捉到有用的信息，并能够整合这些信息，充分发挥其作用。

（1）信息意识是教师发展其他信息素养的基础。信息意识使教师能够认识到信息的重要性和价值，并意识到信息对于教学工作的支持和促进作用。通过信息意识的培养，体育教师能够更好地理解和应用其他信息素养，如信息获取、信息评估、信息组织和信息交流等。信息意识使教师能够将这些信息素养有机地结合起来，形成一个完整的信息处理过程，为体育教学提供支持和指导。

（2）信息意识是教师开展信息化体育教学的前提。在当今信息技术高度发展的时代，信息化教学已成为教育改革的重要方向。信息化体育教学要求教师能够充分利用信息技术手段，获取和利用各种形式的信息资源，以提高教学效果和教学质量。然而，要实现信息化体育教学，首先需要教师具备信息意识。只有具备信息意识的体育教师，才能够主动地感知和挖掘信息，了解和应用新的教学理念、方法和技术，使体育教学更加丰富多样化、个性化和有效性。

2. 信息知识

信息知识在构建信息素养的过程中起着至关重要的作用。它涵盖了与信息相关的各个方面的知识内容。信息知识的范畴非常广泛，包括了信息的基本知识和信息理论知识，以及对信息和信息化的理解、信息化方法等内容。同时，它也包括了信息技术知识，如信息技术原理、软硬件知识，以及对信息技术发展的认识等方面。

对于体育教师来说，要开展有效的信息化教学，他们必须具备充足的信息知识，并且需要不断地更新自己的知识库，保持持续学习新知识的状态。在信息化时代，信息技术已经广泛渗透到各个领域，包括教育领域。体育教师在教学过程中可以运用信息技术手段，如使用多媒体教学工具、网络资源等，来丰富教学内容，提升教学效果。

（1）体育教师需要掌握信息的基本知识。这包括了对信息的概念、性质、传播方式等方面的了解。体育教师需要清楚地认识到信息在教学中的作用和意义，了解信息的特点

和规律。只有具备这些基本知识，教师才能更好地应用信息技术来支持教学实践。

（2）体育教师需要具备一定的信息技术知识。信息技术已经成为现代教育不可或缺的一部分，体育教学也不例外。体育教师需要了解信息技术的原理和基本操作，熟悉常用的软硬件工具，如计算机、互联网、多媒体设备等。这样，教师才能够在教学中运用这些技术工具，创造出更加生动、具有吸引力的教学环境，提高学生的学习积极性和效果。

（3）体育教师需要关注信息技术的发展动态，不断更新自己的信息技术知识。信息技术发展迅速，新的技术层出不穷。教师应该主动关注最新的信息技术趋势和应用，了解其在教学中的潜在价值和可能带来的影响。只有保持对信息技术的敏感性和学习态度，教师才能够紧跟时代的步伐，更好地适应信息化教学的需求。

3. 信息伦理

信息伦理也是信息素养中的重要内容，它主要包含信息安全与信息道德两个方面。信息伦理要求教师在获取信息、利用信息以及传播信息时要遵循伦理规范，不能伤害其他人以及社会的合法权益。因此，体育教师必须了解一些与信息安全相关的、防范计算机病毒、抵制计算机犯罪的知识。在信息化教学中，体育教师还要具备良好的信息道德，首先要保证教学内容的科学性、合理性，其次要尊重他人的知识成果，不能随意盗用。

（二）体育教师信息化素养的主要特征

信息素养是人们在解决问题时所表现出来的综合素质。也就是说，人们发现问题、分析问题、收集信息、寻找方法和工具、制订解决问题的方案、评价问题直到最终解决问题的全过程都体现着自身的综合信息素养。

1. 综合性特征

信息素养具有综合性，它是人的基本素质之一，体现在多个方面，主要是指人在解决问题的过程中综合表现出来的能力。信息素养不只与信息知识、信息技术、信息能力相关，它还与具体的问题相关。通常，信息素养越高的人，解决问题的速度越快、使用的方法越有效。

2. 灵活性特征

信息素养要求人们在解决问题的过程中具备一定的灵活性。一般来说，一个问题的解决实际上有多种方案，同时实施方案的具体方法也有很多，具有良好信息素养的人可以根据具体问题快速找到问题核心，进而灵活地组合使用解决问题的方案与方法，更快、更好地解决问题。

3. 长期性特征

信息素养具有长期性，也就是说，信息素养的形成需要长时间的积累与练习，不是短时间内就能轻易形成的。要想具备良好的信息素养，就必须不断地解决问题，并在此过程中学习知识、掌握知识、锻炼技能，长期的、大量的、反复的练习是提升信息素养的有效方法。此外，还要进行一定的总结与反思。

4. 创新性特征

信息素养具有创新性，通常人们在解决问题时会产生新的想法、形成新的思路，进而探索出新的解决问题的方法，这就是信息素养创新性的主要体现。具有良好信息素养的人往往能够综合考虑问题的多个方面，找到新的解决问题的路径，进而更加高效地解决问题。

三、大学体育教学师资队伍的专业化发展

（一）体育师资队伍专业化发展的重点

1. 体育教师的专业理念

从一定程度上来说，专业理念可以决定体育教师在课堂上的教学行为。换言之，专业理念可以指导体育教学活动的开展。一名合格的体育教师，其必须要具备以下两条专业理念。

（1）树立正确的教学观念。与其他学科相比，体育学科在教学方面有着自身的特征，主要包括：教学场地的开放性、教学内容形式的技艺性、教学方法的直接性、身体练习的负荷性，其中最显著的差异体现在教学内容的技艺性上。

在体育教学中，教师为了更清楚地讲解某一个技术动作，一般会进行讲解、示范，在教师的讲解、示范中，学生可以较为全面地掌握技术要点，这一教学模式是传统体育教学中最基础的模式之一，因此为大多数教师所使用。这同时也在表明，传统体育教学过于重视运动技术，这让教师成为一个只是传授学生技能的角色，很明显，这种教学模式是非常低级的、单一的。

如果体育教师仅仅是以这一角色存在的，那么，他的专业性是需要被怀疑的，也就是说，教师的任务是简单的，他是可以为其他人所取代的。而且，倘若只是从运动技术来说，其水平肯定比不过专业运动员。因此，体育教师在教学中不应该只是单纯地传授给学生运动技能，而是要对学生进行全面的培养，培养学生正确的体育观与价值观，从而让学生养成良好的运动意识与运动习惯。只有这样，学生才能更加深入地认识与了解体育运动，同时也能更加热爱体育运动。

（2）审视教育改革下的师生。体育教师是教学系统的一部分，在时代发展过程中，外部环境推动了教学系统的变革，这也让体育教师这一教学要素发生了改变，同时也在表明，随着时代的发展变化，体育教师也并不是固定不变的，而是会随着时代的发展而发展。

我国当前的教育改革要求教学应该以学生为中心，这就要求体育教师必须转变固有教学理念，要摆脱自己的权威角色，要关注学生的学习需求，了解学生的学习兴趣，从学生学习的实际出发制订教学计划，选择教学策略。过去的教学活动一般是体育教师的独角戏，学生在教学过程中并没有获得较高的参与度，因此，体育教师在教学过程中，必须要重视学生，积极引导学生参与到教学活动中来，注意培养他们进行学习探究的兴趣，最重要的是，要培养学生分析、解决问题的能力，因为在分析、解决问题的过程中，学生能够激发自己的主观能动性。

2. 体育教师的专业知识

体育教师的专业知识决定了其教学能力，同时也是其个人素质的一个不容忽视的要素。专业知识并不是固定不变的，它总是随着教师自我经验的不断丰富而发展变化。体育教师的专业知识主要包括以下三条内容。

（1）体育学科的专业知识与技能。教学是一个复杂的活动，教师如果想要更好地完成教学任务，就必须掌握丰富的专业知识与技能。体育教师与其他学科的教师有着显著的差异，他们不仅要掌握扎实的理论知识，而且要具备良好的运动技能。理论知识的讲授相对来说比较容易，运动技能的传授就没那么容易，需要教师亲自示范。这其实也在表明，体育教师不应该仅仅是一个运动技能传授者，但是作为一名体育教师，首先应该是一位运动技能传授者。因此，体育教师必须要具备体育专业知识与技能。

（2）教育专业知识。教师之所以要了解心理学、教育史以及各种教学方法，是因为：①借助这些学科知识，教师可以了解学生在课堂上的反应，从而根据学生的学习反应制订后续的教学计划；②这些知识都是被人验证过的科学的知识，在教学中，教师可以利用这些知识指导学生。对于体育教师来说，他们不仅要掌握体育专业知识，而且要学习一些教育专业知识。

体育教师需要了解的教育专业知识，主要包括以下两个部分。

第一，一般教育学知识。一般教育学知识的内容非常广泛，不仅涉及教育基本理论、教育心理学，而且包括教育社会学、教育科学研究等。任何一门学科的教师都需要掌握这些知识，体育教师也不例外。

第二，体育学科教学知识。体育学科知识系统性强、专业性强，有一些基础理论知识，同时还包括一些技能知识。对于体育教师来说，他不仅要在体育课堂上教授学生体育

基础理论知识，而且要在体育实践课堂上教授学生体育技能知识。

（3）科学文化知识。体育是一门综合性学科，它交叉了不少学科，如教育学、心理学等，这就拓展了体育学科的范围，同时也对体育教师提出了较高的要求，要求体育教师不仅要了解体育学科的知识，而且要了解相关学科的知识，最重要的是，教师还要具备能将所有知识整合起来的能力。

体育教学的任务绝对不仅仅是增强学生的体质，而是应该着眼于对“人”的塑造。也就是说，在体育教学过程中，教师要体现出对学生的“人文关怀”，而这不可能是靠体育学科知识与技能知识所能满足的。所以，这就要求体育教师不仅要成为运动知识与技能的传授者，还应该成为学生人生道路上的引路人。教师要具备丰富的知识，并且能将这些知识较好地运用到课堂中，才能获得学生的信赖与尊重，同时也能让学生了解到更多的知识，充实其知识体系结构。教师所具有的丰富的知识是其自身素养的基本要求，是每一位体育教师都应该具备的。

（二）体育师资队伍专业化发展的途径

1. 体育教师的职前教育

（1）完善体育教育学学科体系。早期体育教育专业更多地依赖于教育学、心理学、生物学和医学学科为学科基础，之后，体育教学法、教学理论等可以将体育学科特点反映出来的课程开始为人们所重视。总之，以培养体育师资为主要任务的体育教育专业是建立在体育科学、人体科学、体育教育学等学科之上的，这不仅可以从专业课程中体现出来，也可以从国家的相关文件中体现出来。

专业性的职业不仅需要一些基础学科来支撑，而且需要能够体现专业特性的学科来支撑；同理，专业教育在拥有基础课程的同时还要拥有体现专业教育的支撑课程，如果没有这类专业课程，专业教育也就不复存在了。这里所说的职称课程其实就是指专业课，这是一类与基础课程相对立的课程，目的是让学生掌握相关专业知识与技能。

如果在体育专业教育还只是以培养体育教师为本、体育专业教育还没有分化的情况下，不强调专业的支撑学科或课程还可以理解的话，那么在体育专业教育已经分化且各专业已有明确培养指向的现今，专业教育就应该因时而变，应该有能够支撑专业存在与发展的学科与课程，只有这样才能为社会输出专门的人才。就体育教育专业来说，这一支撑学科无疑就是体育教育学，而支撑课程无疑就是与之相关的课程。

体育教育专业课程改革走专业化道路的一个根据要求，就是要建构专业化的课程体系。该体系，一方面必须要有大量的专业基础课；另一方面要能在较大程度上将体育教育以及教学的诸多特性反映出来。因此，必须要明确体育教育专业的支撑学科以及课程，必须以体育教师专业发展的要求为依据，这样专业化的课程体系才能真正建立起来，体育教育专业课程改革的要求也就实现了。

构建体育教育类课程必须要从体育教育学学科的建设入手，这主要有两个方面的原因：①所有课程的资源都是来自学科的，有了学科，课程才能得以构建，可以说学科是课程的基础。②长期以来，学界对体育教育学学科研究的重视度不够，导致体育教育学学科的建设工作开展得并不顺利。因此，如果要进行以专业化为核心的体育教育课程改革，先进行体育教育学学科建设是十分有必要的。

虽然一直以来没有那么重视体育教育学学科的相关研究，也没有对体育教育学的概念、学科体系等有深入探索，但是，学界依然明确了体育教育学的研究对象，不仅研究体育教育现象，还从深层次出发，研究体育教育的本质及发展规律。不过，体育教育学的研究范围到现在还没有确定下来，体育教育的内容、目的、手段以及评价等都是现阶段研究的重点问题。认识体育教育学学科，还需要与体育理论、体育教材教法相联系，但是必须要明确的一点是，后者的简单相加并不等于前者，所以，体育教育学学科的研究其实是非常复杂的，单从表面理论与教法来看，是片面的。

体育理论与学校体育学的任务主要有两个：①将学校体育工作的基本规律总结出来。②论述学校体育工作的原理与方法，由于其“总括性”而难以对体育教育有关问题深入探索。而体育教材教法则着重各具体运动项目的教法分析，对体育教育的原理涉及不深。虽然，这两者包含体育教育学的部分内容，但如果从时代发展的角度来看，这些内容其实已经无法与时代发展相匹配了，是一种已经过时的内容。因此，这让许多学者开始转变研究方向，开始重新审视体育教育的本质，认为体育教育研究必须要将健康教育研究纳入其中，体育课程改革问题已集中地提上日程，体育理论、学校体育学、体育教材教法三门学科已经无法适应时代发展与体育教学发展，建立并完善体育教育学学科是极其有必要的。

在构建体育教育学学科时，一般需要包括以下三个方面的内容。

第一，从哲学与原理意义层面来看，不仅要探讨体育教育与人的身心发展、社会发展的关系，而且要探讨教育的内容、目的以及方法等，包括体育教育思想史、各国体育教育比较等。

第二，关注体育教育内容的实施与评价问题，具体包括构建体育课程论。

第三，体育教学方法与体育学习方法的基本原理与实践，以及该领域的特殊性问题，具体包括体育教学论、运动技术学、体育方法学、体育评价学等。

（2）以专业化取向改革职前教育课程体系。与其他学科的教师相比，体育教师的社会地位及专业地位有待提高。其途径虽然很多，但提高体育教师的专业化程度则是更为重要的途径，而这最终要通过体育教育专业课程的专业化来落实。以往体育教育专业课程改革中的一个问题就是过于强调“学科”与“术科”的比例，其隐含的前提仍是基于一次性

本科教育即可培养优秀体育教师的理念，这种理念并不把体育教学工作看作专业性工作，也不把体育教师看成是需要不断学习和探索才能趋于成熟的专业人员。

实际上，“学科”与“术科”只是体育教师专业发展诸多内涵中的一个方面。所以，体育教学的专业化发展就成为体育教学改革的一大方向。目前，教师专业化发展已经把教学工作看成是一种专业性工作，把教师看成是一种专业性人员，所以教师教育专业化发展的实施不仅要以教学工作的性质为依据，还要以教师专业发展的要求为依据。

按照一定的方向组织起来的课程体系就是专业的实体。因此，从教育内容的层面上来看，如果要体现体育教育专业的专业化，就必然要从体育专业课程体系来实现。因此，试图通过体育教师专业化发展来提高教学质量的体育教育改革，在改革方向上必然要以课程改革为主。体育教育课程改革专业化取向的实质就是要以体育教师专业发展为核心，推动专业课程体系的构建，同时还要让体育教师的专业发展为课程改革提供重要支撑。这不仅是对师范教育专业化趋势的顺应，也是基于对以往体育教师社会地位及专业地位的反思。

总之，体育教育学是一个学科群。在它之下，存在着众多的具体学科，这些学科共同构成一个完整的体育教育学学科，包括运动学习论、运动技术学、体育教育评价论等多个分支领域。但对本科体育教育专业来说，不必以课程形式与其一一对应。另外，体育学科构建问题并不只是本科阶段的问题，因为体育教师的专业化发展并不是一个阶段性过程，它是一个长期的过程，本科阶段只是这一长期过程中的一个环节。所以，完善体育教育学科体系，主要的目的就是为体育教师专业全程发展提供一些支撑课程。

2. 体育教师的入职教育

（1）建立体育教师入职教育制度。体育教师入职教育工作要有一个保障前提，那就是要建立相关规章制度，进行依法管理。入职教育之前是职前教师培养，之后是职后教师教育，而它则是连接这两种教育的桥梁，更重要的是，它还是实现教师教育一体化的中间环节，起着重要的承上启下的作用。如果想要将入职教育当作教师教育的中间环节来看待的话，那么就必须要进一步建立健全教师入职教育制度。

当前，为了保障教师的权益，需要尽快将教师入职教育的立法工作提上日程，为了加快这一法律的实施，还需要制定与之相配套的政策，从而实现对教师入职教育的监督与评价。同时，还需要指出的是，可以将教师入职教育与教师资格、教师聘任制度等相挂钩，这样教师就必须要认真对待入职教育，因为一旦其入职教育不成功，那么就无法取得教师资格或者无法转正。

与此同时，各级地方政府、教育行政管理部门和学校应建立健全一套符合国家政策和自身实情的体育教师入职教育管理体系，这一体系必须是科学的，能将入职培训与考核结合起来，还能让教师入职教育变得更加规范、合理，同时还可以将教师的入职教育与转正定级、晋升工资或职称联系起来，从而提高体育教师参加入职教育的积极性。

（2）丰富体育教师入职教育的形式。

第一，重视多种形式并举，突出培养自我反思能力。我国所有的初任体育教师入职教育活动安排一般都是通过行政命令系统实现的。行政部门让学校指派相关的初任体育教师参与行政单位组织的活动，也可以是行政单位明确指出学校应该组织什么样的活动，然后这些教师必须参加。这种情况之下，初任体育教师就始终处于一种被动的状态，他们参与什么活动只能听从学校或者行政单位的安排，因此很难将其主动性激发出来。而对于那些组织培训活动的单位，其完全忽视了初任体育教师的重要性，而是把完成任务放在第一位，这种方式是一种不折不扣的自上而下的行政管理主义的方式，因此很难取得不错的培训效果。学校还可以从其他学科在新教师入职教育工作使用的方法中汲取经验，如注册课程、网络支持等形式，这些形式不仅可以进一步帮助教师挖掘优质的教学资源，而且还能为新教师学习优秀的教学经验提供方便。

同时，学校应该考虑到这些新教师刚开始开展教学活动的不适应性，因此可帮助他们多组织一些教学讨论活动，让教师在讨论中交换教学心得，同时促进他们教学反思活动的开展；还要努力为这些新教师争取一些参与专业研讨会与座谈会的机会，让他们可以与相关领域中具有影响力的人物进行接触，从而从这些人物那里获得更多新的知识、新的启发；鼓励初任教师要多学习其他教师身上的优点，学习其他教师教学的长处，不断提高自己的专业能力。

在多种培训模式的帮助下，不仅要提高初任教师的教学能力，而且还要提高他们的教学反思能力。这是因为反思能力可以让其了解自己在教学过程中的优势与不足，了解其在教学过程中投入的情感情况，从而使他们从整体上对自己的教学情况予以把握。

当前，教学反思已经被大多数教师认可与接受，这是因为他们已经从反思中收获了不少教学的思路与想法，更重要的是，所有的教师一起反思还能让其了解到别人的教学思路，这样教师的教学思路将更加开阔、教学技能也能得以提升。初任教师在与过去教学过程中的自己进行不断的对话，就可以更加全面地认识自己以及自己所开展的教学活动，就是在这样的一次次的反思中，初任教师得以成长，反思的次数越多、力度越强，初任教师就越能迅速成长为专家型教师。提到教师反思就必须要提教师反思的方法，这些方法非常多，不仅包括教学日志、课后小结，还包括教学研讨法、观摩法等，单独使用这些方法的效果有限，因此不少教师选择将不同的方法合起来一起使用，从而进一步强化反思的效果。在初任教师中，最常用的反思方法主要有两种：一种是课后小结；另一种是教学日志。

第二，在实践中要注重不断完善指导教师制。学校培养教师的方法虽然有很多种，但是为大家所普遍适用的一种方法则为指导教师制，需要说明的是，这一制度可以由单个教

师执行，也可以由教研组或者备课组等以小组的形式执行。不过，参与这项制度的教师多半是来自本校的一些比较有经验的名师。指导教师制让初任体育教师收益颇丰，指导教师帮助他们解决教学过程中的问题，帮助他们开拓新的教学思路，使他们少走了不少弯路，但是，还需要说明的是，每所学校的指导教师制都是根据各所学校的实际情况制定与实施的，所以该制度所取得的效果也是不同的，甚至在同一学校内部的效果也有着明显的差异。因此，学校不能一味地实行指导教师制，而是需要考虑它的质量与效果，否则只停留在制度层面、忽略实践的指导教师制就是毫无意义可言的。

对初任体育教师进行教学指导能否成功的一个关键要素，就是指导教师。而在具体进行教学指导之前，首先需要确定什么样的教师才符合指导教师的要求，而当选择好指导教师之后，就可以对他们进行相关知识的系统培训。在培训期间，要将指导教师的职责范围确定下来，同时还要确定下指导时间，这是因为每个初任教师之间是有着显著差异的，有的教师入职期只有半年，有的则长达一年、两年。指导教师对初任教师的指导时间最好控制在1—2年，初任教师工作一年之后，可以对其工作进行客观考核，然后根据考核结果再决定是否还要对这些初任教师进行指导。

第三，增强体育教师入职教育的管理与考核评价。教师教育的一个重要环节就是入职教育，它连接职前教育与职后教育，起着承前启后的作用，涉及初任体育教师的任职学校、毕业院校、初任体育教师的培训机构、地方教育行政管理机构等多个部门及人员。根据体育教师入职教育的实际情况，发现只有构建完善的教师入职教育组织和管理体系，才能将涉及的机构与人员之间的关系协调好，也才能使入职教育的作用发挥到最好。从当前的情况来看，大学应该与地方教育行政部门、教师职前培养机构形成联动机制，共同组建教师入职教育组织与管理体系。例如，可以成立“初任教师指导委员会”，通过这一组织统一协调体育教师入职教育工作。

目前，体育教师的入职教育基本没有考核评价环节。只有教育培训，没有考核评价，教师入职教育往往变成可有可无的形式，在具体工作中得不到重视。在入职教育中加入考核评价环节是非常必要的，这是因为这一环节不仅能显著提高教师培训的质量，而且还能极大地提升参与培训的教师的积极性，使其可以以更加饱满的热情投入培训中。考核评价的结果反过来又能进一步促进教师入职教育体系的完善，就是在这样的相互影响与促进中，体育教师入职教育得以顺利实施，入职评价体系也得以完善。评价方式的选择是多样的，可以由指导教师对初任体育教师进行评价，可以由学校对教师进行常规检查，也可以由学生对初任教师的教学进行反馈等，具体使用哪种评价方式需要指导教师与学校管理者进行商讨。一般来说，评价方式的使用并不单一，而是将几种评价方式结合起来使用，这样能增强评价的效果。

（3）完善体育教师入职教育的内容。根据体育教师的思想素质、能力水平等，同时还要与体育教育改革的新动向、新成果相结合，加强对教师成长规律、入职教育发展规律的理论研究，在总结一些体育教师入职教育成功经验的基础上，科学地制订教师入职教育工作计划，丰富入职教育内容。根据近年来体育教师入职教育的经验，目前应重点加强体育教师入职教育在师德修养和新知识、教育理念以及教育教学技术能力方面的培训，还要考虑体育学科的特点，在秉持有效性原则的基础上，在与体育教学改革的理念、方向相一致的前提下，让准备入职的体育教师通过入职教育了解教学改革的相关知识，从而使其可以获得新的教育理念，更重要的是，还能保证入职教育所传授知识的科学性与先进性。

3. 体育教师的职后教育

（1）具备前瞻性与多样性。

第一，前瞻性。前瞻性指的是超前性、发展性。教育的属性之一是超前性，教育是面向未来的事业，教师职后教育更要具有超前意识。体育教师职后教育必须强调按需施教，让体育教师能学以致用，尤其是注意研究新动向、新技术，还要注重研究人才和技术的需求状况，持续地提供新资讯，使职后教育的发展始终走在前端，发挥对实际工作的超前指导作用。这要求大学提供的体育教师职后教育必须将重点放在更新体育教师教育观念，更新知识结构，不断完善教学手段、方式和内容等方面，只有这样才能实现职后教育的超前性。

第二，多样性。体育教师的职后教育在时间和空间上与传统学校教育相比存在很大不同，体育教师职后教育的发展应试图将这些因素有机地整合，甚至应扩展到整个人的各个方面，才能使体育教师的职后教育可持续发展。另外，职后教育的发展要考虑体育教师在不同的职业发展时期有不同的需求反映，根据不同的需求和反映，应体现出体育教师职后教育内容与方法的不同。体育教师职后教育的多样性也应体现在学校教育和社会教育的结合上，实现各种教育形式的综合统一。

（2）完善体育教师职后教育机制。体育教师职后教育的效果与质量，很大程度上离不开职后教育机制的完善。针对目前各级教育管理部门，尤其是基层学校对体育教师职后教育“讲起来重要，落实起来次要”的状况，应制定相关的政策与法规，通过必要的手段为教师职后教育提供可靠的保障；要为教师建立相应的激励机制，教师的教学任务繁重，对那些在自己岗位上尽职尽责的教师，学校最好可以给予一定的资金鼓励；体育教师专业发展的组织形式不应该固定、单一，而是应该呈现出多样化的发展趋势；还需要为职后教师专业发展建立必要的考核机制。通过上述手段来提高体育教师职后教育的质量，促进体育教师整体素质的提升。

同时，针对体育教师职后教育培训与当前各校教师发展不相符的情况，各所学校应

该统一教师专业发展的理念，将这一理念融到教师职前培养、入职培训与职后教育的环节中，将每一个环节的教师发展任务都落实下来，从而实现教师专业发展每个环节的融会贯通，这样教师自己就实现了自己的全面发展，也能进一步提高体育教师教育的质量。

（3）细化体育教师职后教育的目标。教师专业化还关注教师职后教育，不仅为教师职后教育制定了总目标，而且设置了一些具体目标，同时还为具体目标的实现提供了建议。根据教师专业化的要求，在设计具体的培训项目时，应根据培训对象的不同，针对不同的培训需求，设置不同的具体职后教育目标。例如，在体育教师职后教育类别方面，可以细化为面向全体体育教师培训，这些培训可以是岗位培训，也可以是学历再提高培训。

对培训的目标进行细致区分，有助于学校在制定与实施教师职后教育时具有一定的针对性。目前，由于教师专业化发展的要求发生了变化，因此，体育教师职后教育的目标也发生了变化，过去的目标为“学历达标”，而现在的目标则侧重于“能力提升”。面向所有体育教师岗位培训的目标是要让所有体育教师可以形成正确的教育观念，形成完善的知识结构体系，具备较高的道德素质，能够自觉承担教学义务与责任。学历再提高的培训目标是要让教师通过必要的培训实现自身学历的提升，学历的提升也意味着教师已经掌握了更为全面的知识，这表明体育教师的教学水平也会同时有所提高。

第四节 大学体育教学中公共服务资源的管理

一、大学体育教学中公共服务资源管理的目标

第一，提供全面的体育教学服务。大学体育教学的公共服务资源管理旨在确保学生能够获得全面的体育教育服务。这包括提供多样化的体育项目和课程，以满足不同学生的兴趣和需求。通过提供广泛的选择，确保学生能够参与适合他们个人兴趣和能力水平的体育活动。

第二，促进学生的身体健康和发展。公共服务资源管理的目标之一是促进学生的身体健康和全面发展。大学体育教学部门应提供高质量的体育设施和装备，确保学生能够进行安全和有效的体育锻炼。此外，还应提供专业的指导和辅导，以帮助学生了解和实施健康的生活方式，增强他们的身体素质和体育技能。

第三，培养团队合作和领导能力。大学体育教学的公共服务资源管理还应致力培养学生的团队合作和领导能力。通过组织团体体育活动和比赛，学生将有机会学习合作、沟通和领导团队的技能。这些技能对于他们未来的职业发展和终身成功都非常重要。

第四，促进社交交流和文化交流。大学体育教学的公共服务资源管理还应促进学生之

间的社交交流和文化交流。通过举办体育赛事、活动和组建俱乐部，学生可以与来自不同背景和文化的同学建立联系和友谊。这有助于培养学生的开放思维和跨文化交流能力，增强他们的社会适应能力。

第五，有效管理资源和提升效益。公共服务资源管理还应关注资源的有效管理和提升效益。这包括合理规划和分配体育设施、场地和人力资源，确保它们能够得到充分利用。同时，还需要建立有效的监测和评估机制，以确保资源的合理配置和教学质量的不断提升。

通过实现上述目标，大学体育教学的公共服务资源管理可以为学生提供丰富多样的体育教育体验，促进他们的全面发展和终身受益。

二、大学体育教学中公共服务资源管理的优化

（一）改善学校体育资源对外开放服务体系

学校体育资源对外开放的服务体系的建立与完善，旨在为我国体育公共服务事业的良好运营实施提供保障，同时确保全民健身计划的顺利开展。该服务体系包括体育组织管理服务、体育基础设施服务、体育人才服务和体育信息服务四方面。

1. 体育组织管理服务

体育组织管理服务是指学校为促进群众参与学校体育资源开放而进行的管理活动。为了有效开展这项工作，学校应设立专门的机构或部门，负责组织和协调学校体育资源的对外开放事宜。这些机构或部门需要制定相关规章制度，明确开放条件和程序，以确保资源的合理分配和利用。

（1）学校的体育组织管理机构或部门需要制定详细的规章制度，明确学校体育资源的开放条件和程序。这包括确定资源开放的时间、地点和范围，以及对参与者的资格和要求等。通过制定明确的规定，可以确保体育资源的使用公平、公正，并避免资源浪费和滥用。

（2）体育组织管理机构或部门需要积极宣传和推广学校体育资源的开放，以吸引更多的人参与其中。这可以通过宣传活动、媒体渠道和社交媒体等手段来实现。宣传内容可以包括体育资源的种类、开放时间、参与方式和益处等方面的信息，以便吸引各类人群积极参与体育活动。

（3）体育组织管理机构或部门还应与相关社区组织、体育协会和其他学校建立良好的合作关系，以扩大资源的共享和互助。这种合作可以通过开展友谊赛、培训交流和共享资源等形式来实现，从而进一步促进体育资源的合理利用和开放。

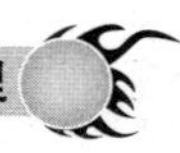

（4）体育组织管理机构或部门需要建立有效的监督和评估机制，定期检查体育资源的开放情况，并收集参与者的反馈意见。通过及时了解开放过程中存在的问题和改进建议，可以及时进行调整和改进，提高体育资源的开放效果和服务质量。

总之，体育组织管理服务旨在促进学校体育资源的对外开放，提供公平、公正的资源利用机会。通过设立专门的机构或部门，制定规章制度，积极宣传推广，加强合作交流，以及建立监督评估机制，学校可以更好地组织和管理体育资源的开放，吸引更多人参与体育活动，推动体育事业的发展。

2. 体育基础设施服务

体育基础设施服务是指学校为群众参与体育活动提供充足的物质条件。为了确保体育活动的顺利进行，学校应充分利用已有的体育场馆、设施和器材，并确保它们的安全性和可持续性。此外，学校还应根据社区的需求，及时进行体育设施的扩建或改造，以提供更多样化的运动场所和设备。通过提供充足的基础设施，学校能够满足不同群体的体育需求，促进全民健身活动的普及和发展。

学校应充分利用现有的体育场馆、设施和器材。这包括合理规划和管理学校内的运动场地和室内体育设施，确保它们得到有效的利用。学校可以组织体育课程、运动训练和体育比赛等活动，让学生和社区群众积极参与体育运动。同时，学校也要确保这些体育场馆、设施和器材的安全性。定期检查和维护设施，及时修复损坏或存在安全隐患的部分。此外，学校应提供充足的安全设施和保护措施，以确保使用者的人身安全。

为了满足不同群体的需求，学校还应根据社区的要求，适时进行体育设施的扩建或改造。这包括增加运动场地的数量和种类，改善设施的条件和质量，以适应不同体育项目和活动的需求。学校可以与政府、社区组织和体育协会等合作，共同筹措资金和资源，推动体育设施的发展。

通过提供多样化的运动场所和设备，学校能够满足不同群体的体育需求。不同年龄、性别和兴趣的人们都可以找到适合自己的运动项目和场地。这有助于促进全民健身活动的普及和发展，提高社区居民的体质素质和生活质量。

总之，学校作为体育基础设施服务的提供者，应充分利用现有的体育场馆、设施和器材，确保它们的安全性和可持续性。同时，学校还应根据社区需求，适时进行体育设施的扩建或改造，提供更多元化的运动场所和设备。通过这些举措，学校可以满足不同群体的体育需求，促进全民健身活动的普及和发展。

3. 体育人才服务

体育人才服务是指学校利用其丰富的体育资源，为参与者提供科学指导的过程。为了有效实施体育人才服务，学校应配置专业的体育教练和教师，他们必须具备广泛的专业知识和丰富的经验，以便能够为参与者提供科学而个性化的训练指导。这些体育人才在学校中扮演着重要的角色。他们不仅需要掌握体育运动的技巧和策略，还需要了解身体训练的原理和方法。通过专业的训练，他们能够帮助参与者提高技能水平、增强身体素质，并在健身效果上取得显著进展。

除了在学校内部的体育活动中担任教练和指导员的角色，这些体育人才还应积极参与对外开放的活动。他们可以组织各种体育培训课程、讲座和研讨会，为广大参与者提供专业的技术指导和培训。这不仅可以促进体育运动的普及，还可以为学校树立良好的形象。通过体育人才的服务，参与者可以从他们的专业知识和经验中受益。体育人才可以针对每个参与者的个体差异制订训练计划，并提供定制化的指导。他们可以通过分析参与者的技术动作和表现，提供针对性的建议和改进方案，帮助他们克服技术上的障碍并取得进步。

此外，体育人才还可以在参与者的比赛和竞赛中发挥重要作用。他们可以担任教练或指导员，为参与者提供专业的赛前准备和战术指导。通过他们的帮助，参与者能够更好地应对比赛的压力，发挥出最佳水平。

总之，体育人才服务对于学校体育活动的发展和参与者的成长至关重要。学校应该重视配置专业的体育教练和教师，他们能够为参与者提供科学而个性化的训练指导，并积极参与对外开放的活动，为参与者提供专业的技术指导和培训，帮助他们提高技能水平和健身效果。这样，学校体育资源才能得到最大限度的发挥，参与者才能实现全面的发展。

4. 体育信息服务

体育信息服务是指学校在开放过程中向学生和其他参与者提供相关的健身知识、宣传和其他信息的服务。学校可以采取多种方式来传递这些信息，包括建立健身指导平台、发布健身教育资讯和组织健身知识讲座等形式。

建立健身指导平台是一种常见的方式，学校可以开发一个在线平台，为学生和其他参与者提供健身指导和建议。这个平台可以包括健身计划、训练视频、运动技巧和指导等内容，帮助参与者制订个性化的健身计划，并提供实时的指导和反馈。

发布健身教育资讯也是一种重要的方式，学校可以定期发布与健身相关的文章、新闻和资讯，通过校园媒体、学校网站或社交媒体等渠道传递给学生和其他参与者。这些资讯可以涵盖健身方法、运动技巧、营养指导以及健康生活方式的重要性等方面的内容，帮助参与者更好地了解和实践健康的生活方式。

此外，学校还可以组织健身知识讲座和活动，邀请专业的健身教练、体育专家或营养师等来进行讲解和指导。这些讲座和活动可以涵盖各种与健身相关的主题，如正确的锻炼姿势、合理的饮食安排、运动损伤的预防和康复等，帮助参与者获取更全面和专业的健身知识。

通过提供这些健身知识和信息的服务，学校希望能够帮助参与者更好地了解健康的生活方式，掌握科学有效的健身方法，提高体质和身体素质，促进健康和幸福的生活。这样的体育信息服务有助于学校营造一个健康、积极的校园环境，提升学生和其他参与者的身心健康水平。

通过建立与完善学校体育资源对外开放的服务体系，可以有效提升我国体育公共服务事业的水平和质量。这将为广大群众提供更多、更好的体育活动机会，推动全民健身计划的顺利开展，促进全民身体素质的全面提高。同时，这也将增强学校与社区的互动和融合，促进体育资源的共享和社会效益的最大化。

（二）加强学校、社会、政府的交流与沟通

为了实践体育公共服务，将学校体育资源对社会开放，需要在三个方面展开工作并确保各方密切合作。如果缺乏这样的合作，就可能导致“该开放时不开放，不该开放时却开放”的尴尬局面，学校将体育资源闲置不用，也无法实现其价值，甚至加剧社会与学校之间的矛盾。因此，有必要建立由学校、社会和政府三方组成的协调机构，定期召开会议，及时了解和解决学校体育资源开放工作中遇到的问题，形成“政府主导，上下齐心”的良好运行机制。

1. 协调机构的建立是关键

协调机构应由学校、社会和政府的代表组成，他们需要共同制定开放学校体育资源的政策和计划。定期召开会议，讨论问题、分享经验和解决难题，确保各方都参与其中，并负责监督实施。建立协调机构的目的是促进学校体育资源的开放和合理利用。学校、社会和政府代表的参与可以确保各方利益得到平衡，以达到最大化的资源利用和公平的机会分配。在协调机构中，学校代表可以分享他们的经验和最佳实践，同时了解其他学校的做法。社会代表可以提供专业知识和资源支持，促进学校体育资源的丰富多样化。政府代表可以提供政策指导和法律支持，确保学校体育资源的合规性和可持续性。在机构的监督下，制订的政策和计划应得到全面执行。监督机制可以确保政策的有效实施，同时也能及时发现和解决问题。各方的责任和义务应明确规定，确保各方都履行自己的职责。

2. 促进学校与社会的沟通

为了促进学校与周边社区居民之间的良好沟通，可以采取一系列措施。首先，定期或不定期组织问卷调查，以了解居民对学校体育资源开放的需求和意见。通过这种方式，学校可以了解居民对体育资源的利用情况以及他们希望获得的支持和改进方面的建议。问卷调查的结果可以作为学校制定决策和改进服务的重要参考。

同时，在校园内设置意见箱，鼓励居民提出问题和建议，并及时回应和解决。意见箱可以是一个易于访问和匿名的渠道，让居民感到他们的声音被倾听和重视。学校应该确保定期检查意见箱，并对收到的问题和建议做出积极回应。这种沟通方式有助于建立双向的互动机制，加强学校与居民之间的信任和合作。

除了问卷调查和意见箱，学校还可以开展一系列活动来促进学校与社区居民之间的沟通。例如，组织社区开放日，邀请居民参观学校设施和项目，让他们了解学校的发展和成就。此外，可以举办社区会议或座谈会，让学校和居民代表共同讨论和解决关于教育、环境等方面的问题。这种面对面的交流和互动可以加深双方的了解和合作，进一步促进学校与社区居民之间的联系。

在实施上述措施的过程中，学校应该重视反馈和建议的价值，并及时采取行动。及时回应和解决居民的问题，展示出学校对居民所反映问题的关注和关心。此外，学校还可以定期向社区居民提供学校的发展报告和相关信息，增加透明度和信任度。

通过这些措施，学校与周边社区居民之间的沟通将更加顺畅和有效。这种互动和沟通将有助于增加双方之间的信任，提高服务质量和效益。学校将更好地了解居民的需求和期望，以便更好地满足他们的需求，并与社区居民共同促进教育和社区的发展。

3. 政府接触群众，倾听民意

政府应该更多地接触民众，倾听他们的声音，了解他们的意愿。不仅仅依靠“层层传递”来收集意见，而是直接走入社区，与民众面对面交流。这样的接触能够更真实地了解社会的需求和期望，避免信息经过多次传递而失真的问题，从而制定出更符合实际的政策和措施。

政府与民众之间的直接接触是一种必要的沟通方式，可以建立起更紧密的联系，增进双方的互信和理解。通过亲自到社区中与民众交流，政府能够感受到社会的脉动，听到不同人群的声音，了解他们的生活、需求和关切。这种真实的接触可以帮助政府更全面地把握社会的现状和发展趋势，为制定政策和措施提供更准确的依据。

与民众面对面的交流也可以消除信息传递中的误解和失真。当意见经过多次传递，或者在不同层级之间流转时，信息往往会发生偏差或遗漏，导致政府无法准确把握民众的真实声音。而通过直接接触，政府可以直接听到民众的意见和诉求，避免信息在传递过程中发生失真。这有助于政府更好地了解民众的期望，更准确地回应社会的需求。

在与民众直接交流的过程中，政府还可以通过亲身经历来感受到社会问题的紧迫性和复杂性。通过亲眼看见和亲耳聆听，政府能够更深刻地了解社会中存在的困难和挑战。这种深入接触有助于政府树立正确的工作导向，将民众的利益置于首位，并更加有针对性地制定政策和措施，解决社会问题，促进社会的稳定与发展。

通过以上三个方面的努力，可以实现学校体育资源的有效开放和社会公共服务的实

践。学校、社会和政府的合作将形成一个有机的机制，确保资源的合理利用和社会的受益。这样的合作模式不仅能够增进社会和学校之间的和谐关系，也能够提高体育公共服务的质量和效果。

（三）构建体育公共服务体系网络

随着科技的日新月异，网络媒介因为能够更加方便快捷地实现资源共享与开发，从而备受各国政府与教育工作者的关注。因此，建立一个以地区为单位的体育公共服务网络是有必要的。

1. 公布所开放学校、社会场所及开放时间

大学公共文化体育设施管理单位应当向公众充分公示其提供的服务内容和开放时间。这项公示工作的目的是确保社区居民了解并能够合理利用这些设施，既不会干扰学校的教学秩序，又能够选择就近的健身场所。

为了实现这一目标，管理单位应当在其网站上提供详细的信息。除了公布开放时间，还应当包括学校的作息时间和重要活动的时间安排。这样，社区居民就能够了解何时去使用设施是最合适的，避免与学校的教学活动冲突。

对于场地维护、大型活动、比赛等特殊的情况，造成场馆不能于正常时间开放，也应及时在网上说明。

公示的信息应当清晰、准确地展示各项服务内容和设施的具体开放时间。例如，可以明确指出健身房、游泳池、图书馆等设施的开放时间，以及各项体育课程、文化活动等的安排。此外，还应当提供相关联系方式，以便社区居民能够获取进一步的咨询或预约服务。

通过将这些信息公示在网站上，管理单位可以为公众提供便利，使他们能够根据自己的需求和时间安排选择适合的健身和文化活动。同时，这也有助于维护学校的教学秩序和正常运作，避免不必要的干扰。

2. 分享体育健康、健身相关知识

大学应该将一些科学健身知识、合理膳食知识、治疗不同运动问题的处方以及如何及时处理运动损伤的相关知识放在网站上，以便居民能够自己解决一些小的问题。

通过将这些知识放在网站上，大学可以为居民提供一个便捷的途径来获取科学健身和营养方面的信息。这些知识可以包括适合不同年龄段和健康状况的科学健身指导，如何制订合理的膳食计划以满足营养需求，以及针对常见运动问题的治疗处方。对于那些想要开始锻炼或改善健康的居民来说，他们可以在大学网站上找到相关的科学健身指导，包括

不同类型的锻炼方法、训练计划和注意事项。这些指导可以帮助他们制订个性化的健身计划，并避免一些常见的健身误区。

大学网站上的合理膳食知识可以为居民提供关于如何选择健康食材、合理搭配饮食、控制食物摄入量等方面的指导。这有助于提高居民的营养意识，帮助他们养成健康的饮食习惯。

此外，大学网站还可以提供针对不同运动问题的治疗处方，包括如何处理肌肉拉伤、扭伤、疲劳和其他常见的运动损伤。这些指导可以告诉居民应该采取哪些措施来缓解症状、加速康复，并在必要时提供就医建议。

第四章　新时期大学体育教学模式的革新与发展

第一节　大学体育教学模式及其选择

“近年来，我国教育事业不断发展，教育体制也不断改革，当今教育教学最重要的工作内容就是更新具体的教育方法和教学模式。大学的体育教育可以促进大学生身体素质的有效提高，还可以提高当代大学生的综合素质。改革大学体育教学的模式，可以进一步提高大学体育教学质量，促进大学生身心共同发展，使其具备一定的体育锻炼意识，提高我国高校体育的整体水平。”[①]

体育教师在开展体育教学活动时，所教的内容以及教授的方式不仅会对学生的学习积极性和主动性、教学的效果等产生直接的影响，而且制约着体育教学目标和体育教学任务的完成情况。

一、大学体育教学模式的主要特点

大学体育教学模式，简单来说就是以某种体育教学思想和理论为指导而建立起来，重在完成基本体育教学目标的体育教学程序。体育教学模式在发展的过程中，逐渐形成了自身鲜明的特点。

（一）理论性

第一，体育教学思想或理论要想转化到具体的体育教学之中，必须要借助于一定的载体，而体育教学模式便是其中之一。这意味着构建体育教学模式时，必须以一定的体育教学思想或理论为指导。如果无法做到这一点，可以确定所构建的体育教学模式不够科学，无法帮助体育教师更好地开展体育教学活动，也无法保证体育教学的质量和效率。

第二，每种体育教学模式的背后都蕴含着特定的体育教学思想或理论。只有准确把握体育教学模式背后的体育教学思想或理论，才能准确理解并合理运用体育教学模式。

① 马昕 . 大学体育教学模式改革分析 [J]. 现代职业教育，2016（7）：101.

简言之，体育教学思想或理论必须通过体育教学模式作为具体的载体来实现。体育教学模式的构建需要以适当的体育教学思想或理论为指导，否则无法保证科学性，也无法提高体育教学的质量和效率。同时，准确理解和合理运用体育教学模式必须深入体会体育教学模式背后所隐含的体育教学思想或理论。

（二）多元性

体育教学思想或理论是随着时代的不断发展和教学条件的改变而不断演进的。它们不是僵化不变的，而是不断丰富和发展，从而形成多元化的体育教学思想或理论。这也导致了以体育教学思想或理论为指导所构建的体育教学模式呈现多样化的特点。有些体育教学模式着眼于体育教学内容的构建，而有些则着眼于教学程序的构建。

随着社会的进步和科技的发展，体育教学思想或理论不断与时俱进。在过去，体育教学主要注重培养学生的体能和基本技能，如跑步、跳远、投掷等。然而，现代社会对体育的需求已经不再局限于此，更加注重培养学生的综合素质和个性发展。因此，现代体育教学思想或理论强调综合性、全面性和个性化，将体育教学与学生的兴趣、需求以及社会发展的要求相结合。

不同的体育教学模式在实践中逐渐形成。一些模式注重体育教学内容的构建，这意味着教师在教学过程中更加关注如何设计和安排体育教学内容，使其既符合学科的要求，又能激发学生的兴趣和积极性。例如，教师可以根据学生的特点和兴趣选择不同的体育项目和活动，以满足学生的个性化需求。

另一些体育教学模式则更加关注教学程序的构建。这意味着教师在教学过程中注重如何组织和安排教学环节，使学生能够全面参与，并且能够获得有效的学习体验和成果。例如，教师可以采用分组合作的方式进行教学，让学生在合作中相互学习和互动，培养他们的团队合作精神和沟通能力。

除了以上两种体育教学模式，还有许多其他的模式在不同的教学实践中被尝试和探索。这些模式可能强调个别差异化教学、社会交往与互动、游戏化教学等方面。体育教学模式的多元化使得教师可以根据具体的教学目标、学生的特点和环境条件选择适合的模式，以达到更好的教学效果。

（三）稳定性

具有价值的体育教学模式在经过体育教学的长期、反复实践后，会逐渐定型。而体育教学模式一旦定型，就会在结构方面相对稳定。也就是说，无论在何种情况下、针对哪种对象使用同一种体育教学模式，在主要环节和基本程序等方面都必须保持一致。只有这样，体育教学模式才能在体育教学实践时有章可循，否则是不具备可操作性的。因此，稳

定性也是体育教学模式的一个重要特点。需要注意的是，体育教学模式的稳定性并非是绝对的，而是相对的。

换言之，体育教学模式自产生后并非是一成不变的，而是会随着教学思想的更新、教学条件的变化以及学生情况的变化等而发生一定的改变，但这种改变都是较为细微的。如果一种体育教学模式在不同的时间、针对不同的教学环境和教学对象进行运用时，在主要环节和基本程序等方面都会有较大的不同，则表明这种体育教学模式还不够成熟与完善，甚至可以说这种体育教学模式还不成立。

（四）独特性

体育教学模式的独特性要求教师在选择体育教学模式时，必须依据具体的教学目标、教学内容、教学方法以及教学对象等实际情况。体育教学模式是体育教学中的一种方法论，用于指导和组织教学活动。然而，并没有一种体育教学模式是万能的，每一种模式都有其独特的特点和反映的体育教学思想或理论，因此其适用条件、适用范围和适用对象也是具体而特定的。

在选择和运用体育教学模式时，必须充分考虑到特定的教学目标、教学内容、教学环境、教学对象以及自身条件等方面的因素。不同的教学目标和内容可能需要不同的模式来实现最佳效果。例如，对于技术性较强的项目，可以采用分组教学模式，通过小组合作和互助学习来提高学生的技能水平。而在培养学生团队合作能力和领导才能方面，可以选择集体教学模式，让学生在集体活动中锻炼自己的能力。

此外，每一种体育教学模式都有其明确的效果评价标准。在评价不同的体育教学模式时，需要根据其独特的特点和目标来确定相应的评价标准。例如，在评价分组教学模式时，可以考察学生的合作能力、沟通能力以及技术水平的提高程度。而在评价集体教学模式时，可以关注学生在集体活动中的角色扮演和团队协作表现等方面。

总之，体育教学模式的选择和运用应该因地制宜，根据具体情况和需求灵活运用。没有一种模式可以适用于所有的教学情境，因此教师应该根据自身的专业知识和经验，结合学生的特点和教学目标，选择最合适的体育教学模式，以达到良好的教学效果。

（五）可操作性

体育教学模式的可操作性是确保体育教学理论能够有效应用于实践的关键要素。可操作性意味着体育教学模式具有明确的步骤、方法和策略，能够被教师和学生轻松理解和实施。只有当体育教学模式具备良好的可操作性，它才能在实际的体育教学中发挥作用，并取得良好的效果。

在体育教学模式中，可操作性包括以下四个方面。

第一，清晰的步骤和指导。一个具有可操作性的体育教学模式应该有清晰的步骤和指导，以便教师能够按部就班地进行教学活动。这些步骤和指导应该明确指出教师需要采取的教学方法、技巧和策略，以及学生需要完成的任务和目标。

第二，易于理解和实施。体育教学模式应该以简单明了的方式呈现，以确保教师和学生都能够轻松理解和实施。它应该避免过于复杂或晦涩的术语和概念，而是采用通俗易懂的语言，使教学过程更加直观和可操作。

第三，强调实践和反馈。可操作性的体育教学模式应该注重实践和反馈。它应该鼓励学生积极参与实际的体育活动，并及时提供反馈和指导，以帮助他们不断改进和提高。教师在实施体育教学模式时也应该注重实际操作，通过实践来不断调整和完善教学方法。

第四，适应性和灵活性。体育教学模式应该具有一定的适应性和灵活性，以满足不同学生和不同教学环境的需求。它应该能够根据学生的能力和兴趣进行调整，并能够适应各种不同的教学场景和资源条件。

总之，体育教学模式的可操作性是促使体育教学理论与实践相结合的桥梁。只有通过具备良好可操作性的体育教学模式，教师才能更好地引导学生进行体育活动，提高他们的体育水平和技能。因此，在设计和选择体育教学模式时，教育工作者应该注重其可操作性，并努力将抽象的理论转化为切实可行的教学实践。

（六）发展性

随着时代的发展和社会的进步，体育教学思想和理论将不断演变和完善，而体育教学实践也会面临许多新的情况和挑战。这就意味着体育教学模式不能固守不变，而必须处于不断发展的动态过程中。因此，发展性是体育教学模式的一个重要特点。发展性体现在以下两个方面。

第一，体育教学模式的发展性要求不断吸收和接纳新的体育教学思想或理论，以便对自身进行修补和完善。随着科学技术的不断进步和体育教育研究的深入，对于体育教学的认识和理解也在不断提升。新的理论和思想不断涌现，为体育教学提供了新的思路和方法。体育教师应积极借鉴和吸收这些新的理论和思想，不断更新和优化自己的教学模式。例如，随着认知心理学和运动学习理论的研究进展，更加重视个体差异和学生的主动参与，体育教学模式也逐渐从以教师为中心的传统模式转变为以学生为中心的探究式模式。这种积极地接纳和吸收新理念的态度，有助于提升体育教学模式的科学性和有效性。

第二，随着体育教学改革的深入推进，体育教学模式也需要进行相应地更新和完善。

体育教育改革的目标是培养学生全面发展的个体，注重培养学生的综合素质和创新能力。这就要求大学重新审视和调整体育教学模式，使之符合改革的要求。例如，传统的体育教学模式偏重技能训练和竞技成绩，而忽视了学生个体的需求和兴趣。在改革中，需要关注学生的身心健康，注重培养他们的合作意识和团队精神。因此，体育教学模式需要更加注重个性化和差异化教学，提供多样化的教学内容和活动形式，以满足学生的不同需求和兴趣。

二、大学体育教学模式的基本构成

（一）大学体育教学模式的指导思想

指导思想是构建体育教学模式的关键基石，其在整个模式中发挥着重要的作用。通过指导思想的运用，不仅可以对不同的体育教学模式进行分析，还可以把握与体育教学相关的指导思想的发展趋势。这样，体育教师就能更深入地理解和应用各种体育教学模式，以确保体育教学活动取得理想的效果。因此，任何一种体育教学模式都必须包含指导思想这一要素。

指导思想是指体育教学模式所依据的核心理念和价值观。它包括对学生的认识和理解、教学目标的确定、教学方法的选择以及评价体系的建立等方面的原则和理念。指导思想的形成需要考虑到体育教学的目标、教育理念、学生特点以及社会需求等因素。例如，在以练习为主导的体育教学模式中，指导思想可能强调培养学生的动作技能和体能素质，注重训练的规律性和系统性；而在以游戏为主导的体育教学模式中，指导思想可能更加注重学生的兴趣和参与度，强调合作与竞争的平衡。

指导思想的作用不仅限于具体的教学活动，还涉及体育教学理论的发展和创新。通过对指导思想的研究和探索，可以不断完善和优化体育教学模式，使其更加符合学生的需求和社会的发展。同时，指导思想也为体育教师提供了指导和借鉴，使他们能够更好地指导学生，提高教学效果。因此，指导思想是体育教学模式得以建立的价值基础依据。

对于体育教师而言，深入理解和把握指导思想具有重要意义。首先，指导思想可以帮助教师更好地选择和运用适合的体育教学模式。通过了解不同模式背后的指导思想，教师能够更准确地把握教学的方向和目标，从而更好地规划和组织教学内容和活动。其次，指导思想能够帮助教师理解学生的需求和特点，因此可以更有针对性地设计和调整教学方法，激发学生的学习兴趣和积极性。最后，指导思想还为教师提供了评价教学效果的标准和方法，使其能够及时发现问题和不足，并加以改进和优化。

（二）大学体育教学模式的教学目标

对于体育教学模式来说，其要想有使用价值，必须要有助于一定的体育教学目标的实现，从而确保体育教学取得理想的效果。这就决定了在构建任何一种体育教学模式时，都必须明确其需要实现或可能实现的体育教学目标。因此，体育教学目标也是体育教学模式的构成要素之一，而且该要素在所有的构成要素中居于核心地位，会对其他的构成要素产生一定的制约作用。

（三）大学体育教学模式的操作程序

在体育教学模式的构成要素中，操作程序也是十分重要的一个。这里所说的操作程序，指的是教学在时间上展开的逻辑步骤以及每个步骤的主要做法等。每一种体育教学模式在其操作程序方面都有一定的独特性，这也是不同的体育教学模式之间进行区分的一个重要依据。此外，体育教学模式的操作程序具有一定的稳定性。但是，体育教学模式操作程序的稳定是相对而言的，其在具体的运用过程中，需要依据实际的教学情景、教学对象、教学条件等进行细微的调整。

（四）大学体育教学模式的实现条件

在体育教学模式的构成要素中，实现条件也是不可忽略的一个。这里所说的实现条件，实际上就是有助于体育教学模式充分发挥作用的各种条件以及不同条件之间的有效组合。只有明确了体育教学模式实施所需要的条件，以及是否能够满足这些条件，才能决定是否在体育教学中运用这种体育教学模式。否则，体育教学模式无法充分发挥自己的作用，体育教学也无法取得理想的效果。

（五）大学体育教学模式的效果评价

一种体育教学模式是否有效以及其在体育教学实践中的实施效果，需要通过一定的方式进行衡量。就当前来说，对体育教学模式的有效性及其实施效果进行衡量的一个重要方式，便是体育教学模式的实施效果评价。通过这种方式，既可以明确体育教学模式是否实现了体育教学目标以及实现的程度，也可以进一步把握体育教学模式存在的不足以及需要改进的地方、改进的方法等。通常来说，体育教学模式不同，对其进行评价的方法和标准也会有一定的差异。也就是说，评价方法和标准必须要有针对性，以确保得出的评价结果的准确性和合理性。

三、大学体育教学模式的选择依据

（一）体育教学思想

体育教学思想是构建体育教学模式的重要依据。体育教学思想是对于体育教育目标、教育原则和教育方法的总结和概括，它体现了体育教育的理念和理论指导。在选择和运用体育教学模式时，必须明确所遵循的教学思想，并以此为基础确定最合适的体育教学模式，以达到最理想的教学效果。

体育教学思想的选择取决于教师对于体育教育的认识和理解，以及对学生发展需求的研究。不同的体育教学思想强调不同的教育目标和方法，因此构建的体育教学模式也会有所不同。

在选择体育教学模式时，教师应综合考虑教学目标、学生特点、教学资源和时间等方面的因素。同时，教师还应灵活运用不同的体育教学模式，根据具体的教学内容和教学环境进行选择和调整，以提高教学效果。此外，教师还应不断反思和改进教学实践，不断更新和丰富自己的体育教学思想和模式，以适应不断变化的教育需求和学生发展。通过科学合理地构建和运用体育教学模式，可以更好地促进学生的身心健康发展，提高他们的综合素质和学习能力。

（二）体育教学内容

体育教学内容对于体育运动项目的各个环节安排、重点主次安排和教学顺序安排都有一定的影响。不同的体育运动项目在技术要求、训练方法和学习难度上存在差异，因此在设计教学内容时需要根据这些特点进行调整和安排。例如，对于初学者来说，应该从基本的技术动作和规则开始，逐步引导学生提高技能水平；而对于熟练者，则可以更加注重战术应用和比赛训练。通过合理的内容安排，可以确保学生在学习过程中逐步提高，并且在不同阶段获得相应的成就感。

在选择体育教学模式时，需要充分考虑体育教学内容的特点。不同的体育项目有不同的特点和要求，因此教学模式应该与之相适应。例如，对于技术要求较高的项目，可以采用示范—练习—反馈的模式，通过示范教学和反馈指导，帮助学生掌握正确的技术动作；对于战术性较强的项目，可以采用情境教学的方法，通过模拟比赛场景和实战演练，培养学生的战术意识和应变能力。选择适合的教学模式可以提高学生的学习效果和兴趣，激发他们对体育运动的热爱和参与度。

（三）体育教学条件

在选择和运用体育教学模式时，大学必须充分考虑自身的体育教学条件。体育教学条件主要分为两个方面：体育硬件条件和体育软件条件。

体育硬件条件包括大学拥有的体育场地、体育设施和体育器材等。这些硬件条件的质量和数量将直接影响到体育教学的开展和实施。良好的体育场地和设施可以给学生提供各种体育活动和训练的场所，适当的体育器材能够支持学生的学习和训练需求。

体育软件条件包括大学及其所在地区所具有的特色体育项目和大学形成的特色化体育教学手段。每个大学所在的地区可能有其独特的体育项目和传统，这些特色项目可以作为大学体育教学的资源和特色。大学可以积极挖掘和利用这些资源，为学生提供丰富多样的体育教学内容。此外，大学还应该形成适应自身特点和需求的体育教学手段，如特色课程设置、教学方法创新等，以提高体育教学的质量和效果。

需要强调的是，大学在选择体育教学模式时必须与自身所具有的体育教学条件相匹配。只有这样，体育教学模式才能充分发挥其价值，并确保体育教学能够达到理想的效果。如果大学没有足够的体育硬件条件，如缺乏体育场地或设施不完善，那么选择依赖大规模团体活动的教学模式可能就不太适合，可以考虑采用小组活动或个别指导的方式进行体育教学。同样地，如果大学所在地区没有明显的特色体育项目或传统，那么可以通过引进外部资源或创新教学内容，打造独特的体育教学特色。

（四）体育教学对象

在开展体育教学活动时，要想取得理想的教学效果，一个重要的前提是准确地把握体育教学活动的对象及其所具有的特点。通常来说，体育教师以及学生都属于体育教学活动的对象，但两者所处的地位和所具有的作用是不同的。具体来看，在体育教学活动中，体育教师主要发挥主导作用，而学生处于主体地位。只有准确把握了体育教学活动对象的地位与作用，掌握了体育教学活动对象的特点，然后以此为依据选择与运用体育教学模式，才能确保体育教学模式的合理性和有效性。

第二节 大学体育教学中的翻转课堂教学模式

一、翻转课堂教学模式的优势

（一）从被动学习到主动学习

“翻转课堂是当今国内外广泛流行的教育新模式。我国体育改革提出要将翻转课堂应用于大学体育教学中，有助于提高大学教育的信息化，从而提升课堂质量，优化教学内容，丰富教学资源，体现了因材施教的教学理念，翻转课堂有一套科学合理的教学评价体系，为课堂发展作出了重大贡献。”①

翻转课堂教学模式是一种创新的教学方法，通过重新安排学生在课堂内外的学习活动，使他们从传统的被动接受知识的角色转变为积极主动的学习者。这种教学模式在大学体育教学中具有许多优势和益处。

第一，翻转课堂教学模式能够激发学生的主动学习意愿。传统的大学体育教学往往以教师为中心，学生被动地接受知识和技能的灌输。而在翻转课堂中，学生需要在课前通过阅读、观看视频等方式自主学习相关知识，然后在课堂上与教师和同学进行互动和讨论。这种方式能够激发学生主动学习的兴趣和动力，使他们更加积极主动地参与学习。

第二，翻转课堂教学模式能够提高学生的学习效果和深度。在传统的大学体育课堂中，由于时间有限，教师往往只能传授一些基础的理论知识，而无法深入探讨和实践。而在翻转课堂中，学生在课前通过自主学习掌握了一定的知识基础，课堂时间可以用于更深入的学习和实践。教师可以组织学生进行小组讨论、实验、实践等活动，让学生更加深入地理解和运用所学知识，提高学习效果和深度。

第三，翻转课堂教学模式能够培养学生的自主学习能力和合作精神。在传统的大学体育课堂中，教师扮演着知识的传授者和决策者的角色，学生往往缺乏自主学习的机会和能力。而在翻转课堂中，学生需要自主学习和探索相关知识，培养了他们的自主学习能力。同时，学生在课堂上的小组讨论和合作活动，也能够培养他们的合作精神和团队合作能力，这对他们今后的学习和工作都具有重要意义。

第四，翻转课堂教学模式能够个性化地满足学生的学习需求。每位学生的学习能力和学习进度都有所不同，传统的教学模式往往无法满足所有学生的需求。而在翻转课堂中，

① 史宽．翻转课堂教学模式在大学体育教学中的作用效果 [J]. 当代体育科技，2021，11（31）：70.

学生可以根据自己的学习进度和需求进行自主学习，通过与教师和同学的互动，及时解决自己的问题和困惑。这种个性化的学习方式可以更好地满足学生的学习需求，提高学习效果和满意度。

（二）教学覆盖课前、课中和课后全过程

第一，翻转课堂教学模式使大学体育教学能够在课前进行有效的准备。在传统的课堂教学中，学生在上课前很少有机会接触到相关的学习材料，他们对于即将学习的内容缺乏前置知识。然而，翻转课堂教学模式鼓励学生在课前预习相关的学习材料，通过阅读、观看教学视频等方式获得一定的背景知识。这使得学生能够更好地理解和消化上课内容，为课堂上的深入讨论和实践活动打下基础。

第二，翻转课堂教学模式在课中注重互动和合作学习。传统的课堂教学中，教师通常扮演着知识传授者的角色，学生则扮演被动接受者的角色。而在翻转课堂教学中，学生在课堂上扮演更主动的角色，他们可以与同学们一起讨论、合作解决问题。教师则成为学生学习的指导者和引导者，帮助学生在课堂上发现问题、分析问题，并引导他们寻找解决问题的方法。这种互动和合作学习的方式，可以激发学生的学习兴趣和动力，提高他们的学习效果。

第三，翻转课堂教学模式能够在课后进行巩固和拓展。传统的课堂教学中，学生在课后通常需要进行作业和复习，以加深对知识的理解和掌握。而在翻转课堂教学中，学生可以通过课后作业、在线讨论等方式对课堂上学到的知识进行巩固和拓展。他们可以根据自己的兴趣和需求，进一步探索相关领域的知识，并与教师和同学进行交流和分享。这种扩展学习的机会可以提高学生的学习深度和广度，培养他们的自主学习能力。

总之，翻转课堂教学模式具有使大学体育教学覆盖课前、课中和课后全过程的优势。它能够在课前帮助学生进行有效准备，课中促进互动和合作学习，课后进行巩固和拓展。通过这种教学模式，学生可以更好地参与学习，提高学习效果，培养综合素质和自主学习能力。因此，翻转课堂教学模式在大学体育教学中具有广阔的应用前景。

二、大学体育翻转课堂模式构建

（一）翻转课堂的支撑条件

翻转课堂教学模式是一种倒置传统课堂教学方式的教育模式，其在改善学习效果方面具有许多优势。然而，与之相关的挑战也不可忽视，其中最主要的挑战之一是增加了教师的工作量和学生的学业负担。为了确保翻转课堂的有效实施，教学投入、学习热情、信息素养、网络平台、智能终端以及运动App等因素都是必要的支撑条件。

首先，翻转课堂要求教师更多地投入教学过程中。传统的课堂模式中，教师主要是向学生传授知识和信息；而在翻转课堂中，教师需要事先准备好教学内容，并制作相关的学习资源，如教学视频、讲义、练习题等。教师需要花费更多的时间和精力来策划和设计教学内容，以确保学生在课堂上能够更好地参与讨论和实践，从而提高学习效果。

其次，学生在翻转课堂中需要承担更多的学习负担。传统的课堂模式中，学生主要是被动接受教师的授课；而在翻转课堂中，学生需要在课前自主学习相关知识，并在课堂上进行深入的思考和讨论。这要求学生具备更强的学习主动性和自我管理能力，需要在有限的时间内充分利用各种学习资源，掌握所需的知识和技能。同时，学生还需要积极参与课堂讨论和合作学习，与同学们一起解决问题和探索知识。

再次，信息素养和技术支持也是翻转课堂教学模式的必要条件。学生需要具备良好的信息素养，包括信息获取、评估、组织和利用等方面的能力，以便在自主学习和课堂互动中充分利用各种资源和工具。同时，教师也需要掌握相关的技术知识和技能，能够使用各种网络平台和智能终端，如计算机、平板电脑和智能手机等，来支持翻转课堂的实施和管理。

最后，翻转课堂还可以结合运动App等创新工具，提供更多样化的学习体验。通过运动App，学生可以进行在线学习和互动，同时结合体育运动，提高学生的学习兴趣和参与度。这种结合可以促进学生全面发展，提高他们的身体素质和学业水平。

总之，翻转课堂教学模式在改善学习效果方面具有很多优势，但也面临着一些挑战。教师和学生需要共同努力，提高教学投入和学习主动性，培养信息素养和利用技术工具的能力，才能更好地支撑和实施翻转课堂教学模式。通过持续的努力和创新，翻转课堂有望为学生提供更高质量的学习体验，并提升他们的学习成果。

（二）I–OSEMLR 翻转课堂教学模式构建

体育课程以实践教学为主，注重精讲多练。在传统体育课程中，课前预习、课后练习被学生忽视。翻转课堂的突破点在于对课前、课后的控制，课前预习先修知识，有助于课中学习并掌握知识和技能，课后练习有助于巩固所学知识和技能。体育翻转课堂包括课前、课中和课后三个部分。课前部分主要解决激发兴趣、目标设置、教学视频学习，课中部分主要解决体育基础知识和基本技战术的练习，课后部分主要解决运动技能应用的问题。

1. 激发体育兴趣（Interest）

没有兴趣就没有学习，以兴趣为基础的学习结果与仅以努力为基础的学习结果有质的不同，学习兴趣浓厚，学生会迫不及待地积极寻求、主动探究。学生选课基于兴趣，如何激发并保持兴趣，是实现高质量学习的关键。学生的身体素质存在差异，运动技能水平也存在差异，教师采用相同的教学内容和方法，会导致部分学生失去体育兴趣，进而影响学习质量。在设计翻转课堂时，既要考虑普适性，又要考虑个体性，分层分类教学，力求关注到每一位学生。

2. 制定学习目标（Objective）

精准的学习目标是“教学评一致性”的前提和灵魂。制定学习目标是教师开展教学活动和提高教学质量的基础性工作。学习目标对于教学活动的重要性是不言而喻的，因为学校里的学习活动是典型的目标导向行为。翻转课堂的关键点在于，学生制定合理的学习目标。按照难易程度，划分低阶和高阶体育知识，低阶知识包括体育理论、基本知识和基本技能，高阶知识包括专项技能和技战术。教师也要制定与之相适应的教学目标，做好教学设计。学生学习目标的制定要与知识的难易度相适应，并根据个人身体素质水平。知识的难易度与教师教学目标和学生学习目标密切关联，也与教师的教、学生的学、教学质量密切相关。

3. 学习教学视频（Study）

学习教学视频，主要在课前学习阶段。学期初，将所有教学视频上传到网络平台。课前部分，学生需要预习和复习。预习主要是学习教学视频，掌握基本知识，通过模仿学习和反复练习掌握基本技能。在学习过程中，记录学习的重点和难点，只有在课前充分准备，课上才能深层次学习，进一步思考并解决未理解的、未掌握的知识。复习主要是针对已学知识，尤其是掌握不扎实的知识，体育是术科，课后勤练巩固知识技能，对于掌握运动技能至关重要。

4. 课中练习技能（Exercise）

课中学习的主要任务，是学生反复练习教学视频所学内容，教师讲解重点、难点，把时间留给学生练习，并进行针对性的个别指导，确保学生掌握技术动作。体育学习需要实践，也需要时间。运动技能的学习分为分化、泛化、固化和自动化四个阶段，要想掌握并熟练应用技术动作，首先要学习正确的技术动作，其次要通过反复练习，不断强化动作记忆，最后掌握技术动作，应用体育技能。

5. 课后参与比赛（Match）

比赛是运动技能应用的高级阶段，课后参与比赛是翻转课堂的重要组成部分。课前学习、课中练习都是为了课后练习和参赛，也就是运动技能应用。教师须布置作业，内容包括耐力、力量练习及比赛。教师根据学生的运动水平，将班级分为若干小组，课后学生自己组织比赛，参与比赛获得积分，推动体育评价改革，课外体育活动和参赛情况计入体育成绩。

6. 总结分享日志（Log）

在课前学习、课中练习和课后比赛完成之后，学生要总结、反思、分享和点评。运动日志是学习闭环，实质上是知识内化的过程，具体内容包括主要进步和不足，发现问题、解决问题的心路历程。回顾学习过程，学生可以有针对性地解决问题，不断强化运动技能，直至掌握运动技能，并熟练应用。运动日志发布以后，教师和同学有权限看到，同学之间可以交流和点评，实现师生互动、生生互动。

7. 教学反思点评（Reflection）

美国教育家杜威最早将反思概念引入教学领域，他提出了反思性思维的概念，并将教师看作反思性实践者。教师的教学反思是指教师对教学实践活动过程与结果的思考，在思考过程中，能够发现、清晰表征所遇到的教育教学问题，并积极寻求多种方法来解决问题的过程。教师的自反思是教师提升经验的桥梁、锤炼教学思想的工具以及追求自身卓越的动力。

鉴于此，教学反思被越来越多的教师推崇。教学反思是教学的闭环，坚持问题导向，发现问题，解决问题，不断提高教学水平，优化教学方法，让学生更好地掌握体育知识技能。对于教师的教学反思，学生可以学习、点评及互动。教师通过网络平台，查阅学生的运动日志，点评、答疑解惑。师生互动可增进感情，并及时解决教师教学的问题和学生学习的问题。

第三节　大学体育教学中的慕课教学模式

慕课就是一种大范围、开放式的在线学习教学课程，由主讲教师负责，可以支持大量的人员参加，视频授课、在线讲解、网上测评，学习者可以相互交流、相互评论的网络教育课程。慕课是传统教育和现代技术相结合形成的新型教学方式，给中国高等院校的教育教学带来新的发展机会。大学需要将慕课和传统教育教学模式相互融合，创建出新颖的教学课堂，实行线上线下交互式教学。

一、大学体育课程慕课设计的基本原则

（一）利用多媒体呈现教材内容

利用多媒体形式把教材内容进行呈现，能够把枯燥、乏味、抽象、难以理解的教材知识转化成动态的视频动画，能够为大学生带来更为形象、直观的体会，有助于推动体育教

育活动的顺利实行。一般情况下，将许多微课一同创建成完整具体的慕课形式，并且每一个微课中相关的教育内容均可根据教育大纲提出的要求制定，但是为了强化教学课件的有趣性与丰富性，可把体育教材中的相关内容利用多媒体的形式进行呈现与教授，此种数字化、信息化的教学方式能够加大课堂学习体育知识的趣味性，亦可把与体育知识点有关的比赛视频与训练视频引进到课堂学习中，根据慢放、重复放与回放等多种方式，对体育运动技术难点进行细讲和精讲，从而使大学生能够更好地认识并掌握体育运动技能。

与此同时，利用慕课中具有的点评测试系统，能对大学生掌握运动技能的总体状况进行评判，再利用多媒体现代科学技术进行全面输出，进而充分发挥慕课身为辅助教育形式的优势和作用，提升体育课堂教育成效与教育质量。

（二）合理选取运动技能要点和知识点

体育运动技能的选取是影响大学生学习成效与学习质量的主要因素，根据教育大纲提出的要求、体育教育现实状况和不同的体育技能点实行排序，并且不用严格遵守专业竞技体育所具有的训练形式实行排序。与此同时，慕课的制作亦需要全面考虑到大学生的学习兴趣，给予大学生自主、独立学习探究的空间，进行灵活合理设计，才可充分激发大学生学习体育知识的自主性和兴趣，而且获得最佳的学习成效。

故而，体育教师需要对体育课程中所有的体育技能点具备综合认识与掌握，而且可以深入了解大学生的学习思维及学习习惯，可以在慕课制作过程中更好地掌握教育难度和对学生进行正确引导，协助其迅速寻找到符合自身需求的学习方式，推动教学质量长效、大幅度提高。

例如，在篮球教育教学中，诸多女同学对于篮球缺少相应的认知，只有极少的学生接触过篮球并且参加过相关的篮球训练，但是传统的篮球课程教育一般是从最基础的运球与传球等体育技能开始教授的，大学生需要进行多次练习，否则难以对学习成效做出最正确、最客观的评判，进而会大大影响学生的学习兴趣。利用慕课教学形式，能够对篮球正面投篮及运球的课程进行学习，在这一训练进程中，学生能够在不知不觉中锻炼出运球以及投篮的灵活手感，并且和其他学生协作练习，加强体育练习的有趣性，有助于充分激发学生学习体育运动的自主性和积极性。

二、慕课在大学体育教学中的应用措施

（一）增加宣传力度并更新师生教学理念

思想观念决定行动行为，不同的教育思想观念一定会形成相应的教学行动行为。众多

高等院校体育教师长时间沉浸在原有的体育教育氛围中，已然生成一套固定的教育思想观念和教育方法，但是这样的教学观念不能适应多媒体信息时代的教育需求，如若开始利用慕课课程教育方式，就会冲破教师、学生与原有教学氛围的平衡状态，这就需要教师和学生从自身主动变换教育思想观念。

故此，要求有关教育领导组织和学校不断增强体育慕课教育方式的宣传力度，推动所有教师和学生能够迅速、正确地了解与认识体育慕课教育方式，加快推动教师和学生原有思想观念向信息化、网络化、现代化教学思想观念进行变换。可以全面运用高等院校的宣传平台，如新媒体网络平台，不断加大对体育慕课教学方式的宣传，积极推广和提倡体育慕课学习方式，从而在整个校园创造出良好的学习环境。

（二）增大培训力度并提升角色信息素质

体育慕课教育与传统教学相融合形成的新型教学方式，给高等院校体育教育带来发展同时也带来极大的冲击。这种新型教学方式把教授专业理论知识放在课堂以外，而把问题的探讨放在课堂教育过程中，从而在不知不觉中对高等院校体育教师本身的专业知识储备和信息素质提出了更高的要求。多媒体背景下的体育任职教师，不但需要具有牢固的体育专业理论知识和技术，还要拥有运用各类先进互联网技术进行体育教育的能力和自信。

一方面，体育任职教师必须要自主扩大自身的知识储备和信息素质，根据多媒体自主进行学习，来培育自身解析、获取、生产信息的能力；另一方面，要不断提升体育任职教师慕课课程设计技能，根据多种多样的学习形式，提升体育任职教师慕课视频设计的水平，从而高效提升体育慕课的教育成果。

（三）建立精品体育慕课来满足社会多元化需求

慕课在线教学的主要优势在于，其能够满足个人和社会多样化的需求。为了确保体育慕课课程的学习便捷性和广泛受众覆盖面，需要创造多样化且精品的体育慕课教育教学资源，进一步构建新的学习形式、课程体系和教育模式，以全面满足不同水平大学生的心理需求和教学需求。

同时，体育慕课的教学内容必须跟上时代发展的步伐，以更好地满足大学生对体育专业知识和未来发展需求的追求，为体育慕课赋予社会实践的应用价值，使其具备时代感和生命力。

要实现这些目标，需要从以下五个方面进行努力。

第一，提供多样性的教学资源。为了满足不同大学生的需求，应该提供多样性的教学资源，包括视频课程、在线讨论、实践项目等。这些资源可以通过不同的形式和内容展示，使大学生能够选择适合自己的学习方式，激发他们的学习兴趣和动力。

第二，鼓励互动与合作学习。慕课在线教学平台应该提供各种互动和合作学习的机会，如在线讨论论坛、小组项目等。通过与其他大学生和教师的互动交流，大学生可以分享经验、互相学习、解决问题，促进彼此的成长和发展。

第三，不断更新和优化教学内容。随着时代的发展和体育领域的变化，教学内容也需要不断更新和优化。及时了解最新的研究成果、技术发展和行业趋势，将这些内容融入体育慕课的教学中，确保大学生获取的知识和技能与实际需求相匹配。

第四，提供个性化学习支持。每个大学生都有自己的学习习惯和需求，慕课在线教学平台应该提供个性化的学习支持。通过智能化的学习系统和个性化的学习路径设计，帮助大学生更好地规划学习进程、解决学习中的困难，并提供及时的反馈和评估。

第五，强调实践和应用能力培养。体育慕课的教学应该注重实践和应用能力的培养，让大学生能够将所学知识应用到实际情境中。通过实践项目、案例分析等教学活动，培养大学生的创新能力和解决问题的能力，使其在体育领域中具备实践能力和竞争优势。

第五章　多维视域下的大学体育教学的创新发展

第一节　“互联网＋体育”视域下的大学体育教学改革与发展

一、“互联网＋体育”教学模式改革背景

（一）学校体育发展的新时代

教育部颁布的《全国普通高等学校体育课程教学指导纲要》提倡五个基本目标：①鼓励学生参与运动并养成体育习惯；②掌握两项以上运动技能、健身方法，学会运动创伤处置；③学会体质测试和健康评价的方法、学会膳食应用搭配，养成健康的行为生活方式；④通过运动改善情绪、调整心理状态、克服心理障碍，养成乐观的生活态度；⑤通过体育运动养成团队合作精神，学会合作与竞争的关系。显然，传统的大学体育课程内容单一、固化，仅限于学校体育课教学时间，与这些目标相去甚远，因此要实现“大体育课程观”，大学体育课程的教学模式改革势在必行。

大学体育课程需要顺应时代要求，朝着开放式、探究式教学方式方向进行变革，因此课程要由课内体育锻炼扩展到课外体育锻炼，由身体教育扩展到健康教育，由学校一方力量扩展到社会多方参与，实现学校与社会相结合。大学体育课程要求学校办学力量与多方共同努力，有目标、有组织、有计划、有监督地开展校内外的体育活动和运动训练，而体育俱乐部模式就是符合大学生“三自主”的需求，结合校内外和社会多方力量的全新的开放式教学模式，是大学体育和全民健身相结合的全新产物。

（二）“互联网＋体育”的新时代

“互联网+体育”的改革是大学体育与互联网的融合，这使得体育教学信息化发展上升到一个新的阶段。这种“互联网+体育”教学就是利用互联网的优势，在教学过程中，

根据每一位学生的学习基础、学生兴趣以及学习的进度，制订更为专业化和针对性更强的教学计划，使学生能够选择适合自己的课程资源、学习进度并配合自己拥有的时间进行个性化学习。因此，这种教学也实现了个性化的教学模式，并促进了个性化人才的培养，保证了每一位学生都能够根据自身的特长发展自己，从而突破了传统教学一刀切的局面。而且智慧教学借助互联网能够传送更多质量更高的教学资源，因此能够有效地提升教学质量，实现学生的全面发展。

二、“互联网＋体育”教学模式的特点

（一）明确的教学目标

第一，培养综合素质。“互联网＋体育”教学模式旨在培养学生的综合素质，包括身体素质、认知素质、协作素质等。通过体育教学与互联网技术相结合，可以使学生在锻炼身体的同时，培养自主学习、合作交流、问题解决等能力，全面提升素质水平。

第二，促进学科融合。“互联网＋体育”教学模式可以促进不同学科之间的融合。体育教学可以与信息技术、心理学、教育学等学科相结合，形成综合性的学习内容和教学活动，使学生在体育教学中获得跨学科的知识和技能。

第三，拓展学习空间。“互联网＋体育”教学模式可以拓展学生的学习空间。通过互联网平台，学生可以随时随地进行学习，不再受制于时间和地点的限制。同时，学生可以通过网络资源和在线教学活动，了解和体验更广泛的体育内容和活动，开拓视野，拓展学习领域。

第四，培养创新思维。“互联网＋体育”教学模式鼓励学生的创新思维和实践能力。学生可以通过互联网平台，参与体育项目的设计、策划和实施，提出创新性的解决方案，并通过实践验证和改进。这样的学习过程可以培养学生的创新思维和动手实践能力，激发学生的创造力和创业精神。

（二）课内外一体化的教学形式

“互联网＋体育”教学模式是一种将互联网技术与体育教学相结合的创新教学形式，它在课内外实现了一体化的教学。

1. 灵活多样的教学方式

“互联网＋体育”教学模式的特点之一是灵活多样的教学方式。传统的体育教学通常依赖于教师在课堂上进行示范和指导，而“互联网＋体育”教学模式通过互联网技术提供了更多元化的教学资源和工具。学生可以通过在线视频观看专业教学示范，参与线上讨论

和互动，进行虚拟实境体验等。这样的多样化教学方式不仅能够满足不同学生的学习需求，还能够激发学生的兴趣，提高学习效果。

2. 时空无限的学习环境

传统的体育教学受制于教室、体育场馆等特定场地，时间也通常限定在课程表规定的时间段内。而“互联网+体育”教学模式通过互联网技术打破了时空的限制。学生可以在任何时间、任何地点进行学习，只需通过网络连接即可获取相关教学资源。这种灵活的学习环境不仅提高了学生的学习自由度，还能够促进学生的主动学习和自主发展。

3. 个性化的学习体验

传统的体育教学往往面临着学生数量庞大、学生水平差异大等问题，教师很难针对每位学生进行个别指导。而“互联网+体育”教学模式可以通过互联网技术并根据学生的个体差异，提供定制化的学习内容和个性化的学习方案。通过智能化的学习系统和个人学习记录，学生可以根据自己的兴趣和能力进行学习选择，按照自己的节奏和需求进行学习。这种个性化的学习体验有助于激发学生的学习兴趣和学习动力，提高学习效果。

4. 互动合作的学习氛围

传统的体育教学往往是教师单向传授知识、学生被动接受的模式。而“互联网+体育”教学模式通过在线互动平台和社交媒体等工具，为学生提供了广泛的互动合作机会。学生可以与教师和同学进行在线讨论、分享学习成果，共同解决问题，相互学习。这种互动合作的学习氛围不仅能够促进学生之间的交流和合作，还能够培养学生的团队合作和沟通能力。

5. 全面评价的学习评估

传统的体育教学评估通常依赖于考试和测验，注重学生的知识掌握程度。而“互联网+体育”教学模式可以通过互联网技术，实现全方位、多维度的学习评估。学生的学习表现可以通过在线作业、学习记录和学习成果展示等多种方式进行评价。同时，学生的综合素养、创新能力和团队合作能力等也可以得到评估和反馈，促进学生全面发展。

三、“互联网+体育”教学模式的完善

（一）学校方面

随着社会的发展和教育的进步，学校在培养学生全面发展方面发挥着至关重要的作用。体育作为学生身心健康的重要组成部分，必须得到足够的重视和关注。为此，学校需

要采取一系列措施来加强体育设施场馆的建设，提供良好的运动环境，同时引导和督促学生养成良好的体育锻炼习惯。

首先，学校应当加强体育设施场馆的建设，确保学生有足够的运动空间和运动条件。学校可以增加运动场地的数量，改善设施的质量，为学生提供多样化的体育活动选择。比如，增设多个篮球场、足球场、网球场等，满足学生进行各种体育锻炼的需求。此外，学校还可以引入一些专业的运动器材，提高学生的运动体验和锻炼效果。通过加强体育设施场馆的建设，学校能够为学生提供更好的运动环境，激发他们对体育的兴趣和热爱。

其次，学校应当加强App的开发，利用科技手段提升体育锻炼的便利性和效率。学校可以开发一款专门的App，供学生使用。通过这个App，学生可以方便地进行运动场地的预约，选择适合自己的时间和项目进行锻炼。同时，学校可以通过App实时发布场馆的利用情况，让学生了解场地的空闲时间，避免资源浪费和时间冲突。通过科技手段，学校可以提高运动场馆的利用率，充分发挥体育设施的效益。

最后，学校应当加大体质测试成绩与毕业衔接在一起的宣传力度，引导和督促学生养成良好的体育习惯。体质测试是评价学生身体素质的重要标准，而将体质测试成绩与毕业衔接在一起，可以更加直观地反映学生在整个学习阶段的身体健康状况。学校可以通过在毕业证书上标注体质测试成绩，或者举办体育成绩与毕业衔接的颁奖仪式等方式，提高学生对体育锻炼的重视程度。同时，学校可以组织体育比赛、健身活动等，培养学生对体育的兴趣和参与度。通过加大宣传力度，学校能够引导学生重视体育锻炼，养成良好的体育习惯。

（二）教师方面

新的教学模式对教师的教学方式提出了更高的要求，需要教师具备更强的责任心。在这种模式下，教师每次上课的时间段是固定的，但学生可以根据自己的时间选择不同的时间段参加同一个“互联网+体育”的课程。因此，教师在每节课上所面对的学生并不是固定的班级，学生的组成在不断变化。教师需要了解每位学生的运动技能水平、身体素质以及个别需求，这大大增加了备课的难度。

首先，教师需要对每位学生的运动技能和身体素质进行了解。由于学生组成的每节课都可能有所不同，教师需要及时了解学生的运动能力、技巧掌握情况以及身体状况，以便在教学过程中进行个别化的指导。教师可以通过与学生的交流和观察，了解他们的体能水平和技能掌握情况，并根据不同学生的特点制定相应的教学策略，确保每位学生都能够得到有效的指导和帮助。

其次，教师需要引导学生积极参与课外体育锻炼。“互联网+体育”教学模式的特点之一是鼓励学生在课外积极参与体育活动，以提高他们的身体素质和运动技能。作为教师，除了在课堂上进行指导和教学，还需要积极与学生沟通，了解他们在课外的锻炼情况，并给予相应的建议和鼓励。教师可以组织一些“互联网+体育”的活动，提供更多的锻炼机会，激发学生的兴趣，并帮助他们树立健康锻炼的意识和习惯。

最后，教师需要培养学生的终身体育锻炼习惯。体育锻炼对学生的身心发展至关重要，而终身体育锻炼习惯的培养需要教师起到积极的引导作用。教师可以通过课堂上的讲解和示范，向学生传授正确的体育锻炼方法和知识，并鼓励他们在日常生活中坚持锻炼。此外，教师还可以与学生和家长密切合作，共同制订锻炼计划，确保学生在课外有规律地进行体育锻炼，并不断提高自己的身体素质。

第二节 信息化视域下的大学体育教学模式改革

“当前在课堂教学信息化建设背景下，以互联网为基础的现代化体育教学模式正在逐渐形成。信息化技术在大学体育教学改革中有着十分积极的促进作用，作为一种科学高效的教学工具，能够优化完善教学模式及教学资源，给学生提供丰富多样的学习环境和学习渠道，满足学生的个性化发展及学习需求。”①

一、信息技术融入大学体育教学中的必要性

信息技术自研发以来，对世界各领域都产生了积极影响，不仅带动了社会经济的发展，也对我国教育事业起到了极大的促进作用。当前，信息技术已经成为促进教学改革的一项基本工具，在教学资源整合、教学活动实施、教学设计等多方面都有巨大的应用价值。

随着我国教育改革的不断推进，体育教育对人才培养产生的积极作用也逐渐显现。在新时代背景下，要以培养全面高素质人才为方向，完善人才培养制度，实施多方位一体化人才培养。教学改革指的并不只是单一的学科或专业，而是整个教育体系和人才培养制度，所以大学体育教学同样也是教育改革中的重要组成部分。随着素质教育理念的不断推进，“健康第一”“增强体质”“终身体育”已经使得我国体育教学理念得到了根本性的转变，并对我国体育教育提出了全新的要求。在体育教学中，必须要全面改变教学理念和教学方法，以提高学生的主体思想和身体素质为基本，构建全新的体育教学目标和教学方法，合理运用各种现代化信息技术和教育理念，使体育教学能够从根本上得到改变，运用信息技术的多种功能，完善体育教学模式和教育制度，推进我国体育教育的创新发展。

由于体育教学的特殊性，信息技术在教学中应用较少，无法发挥其对教学改革带来

① 张双全 . 信息化视域下大学体育教学改革探讨 [J]. 教育教学论坛，2022（49）：53.

的积极影响，所以体育教学改革长时间未能得到突破。因此，需要积极探索在体育教学中的概念及作用，并根据当下的体育教学现状探索高效改革创新途径。从大学教学改革现状来看，信息技术在体育教学中的应用主要以宣传科普为主，包括体育成果宣传、体育赛事宣传、体育知识科普、体育理论教学等方面。与其他教学工具不同，信息化技术具有可靠性、系统性、高效性特点。

在过去几十年的发展中，我国信息技术在体育中的应用成果主要体现于四个方面：①电子信息技术对大型运动会起到了十分重要的信息处理及规划作用。②信息技术实现了体育资源、体育资料的自动化处理，同时还支持了我国体育彩票软件系统的开发，建立了特色体育产业，带动了我国体育产业的发展与升级。③基于信息系统建立了国家体育总局政府网站，为广大民众及我国体育事业带来了积极的促进作用。④加强了体育信息的服务与研究功能，运用信息技术对体育行业内容进行了系统性的研究并取得了一系列研究成果。

二、信息技术在体育教学改革中发挥的作用

（一）促进大学体育教育发展

当前，在体育教学中，教师、学生以及社会各界普遍认为体育教育的重要性不亚于其他专业教育，然而长期以来却常常被忽视。随着“健康中国”理念的不断推广，“全民健身、全民运动”这一目标也逐渐传播开来。在这样的背景下，充分利用信息技术可以促进大学体育教育的发展，进一步展现大学体育教育在社会和国家建设中的促进作用。

借助信息技术，可以加强体育管理部门与学校管理体制的改革与融合，从而促进大学体育教育与社会发展相适应。通过信息技术的支持，体育管理部门可以更高效地进行规划、组织和监督体育教学活动，提高管理效能。同时，学校管理体制也可以利用信息技术建立更加科学和灵活的体育教学管理模式，促进教学质量的提升。这种改革与融合的努力，将有助于大学体育教育更好地适应社会的需求和发展。

借助信息技术的推动，可以更广泛、清晰地宣传我国体育事业，促进体育事业产生更积极的社会影响，并进一步提高大学体育教学的质量和影响力。信息技术提供了全球互联的平台，可以将我国体育事业的发展成果、优秀运动员的事迹和大学体育教学的特色传播给更广泛的受众。通过利用多媒体、社交媒体和网络平台等工具，实现信息的快速传递和广泛共享，增加公众对体育教育的了解和关注度。这种宣传和推广有助于塑造积极向上的体育文化，推动全民健身和全民运动的普及，同时提高大学体育教学的声誉和影响力。

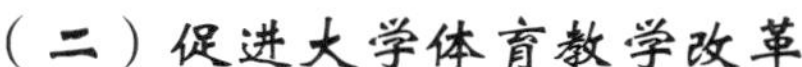

（二）促进大学体育教学改革

在新时代的背景下，教育部门对大学体育教学提出了全新的要求。这些要求旨在在保障学生身心健康的基础上，加强运动指导与竞技运动的宣传，形成以大学生为主体的特色体育产业，并引导大学体育产业在社会各领域得到体现。为实现这一目标，具有广泛性和传播性的信息技术被应用于大学体育教学领域。

信息技术的运用能够加强教师、学生以及社会各界对数字体育的认识。通过信息技术，教师和学生可以更深入地了解数字体育的概念、原理和应用，并将其融入传统体育教学中，从而实现教学方法的改革创新。此外，信息技术还可以促进体育教学资源的整合与运用，使得教学手段更加灵活、更加多样化，为学生提供更丰富的学习体验。

在信息技术的帮助下，学生能够发现一个全新的体育形象，并主动融入体育学习环境中。信息技术可以提供丰富的数字化学习资源和互动平台，使学生能够更加主动地参与体育学习，并以自己的方式表达对体育的理解和热爱。通过与信息技术的互动，学生可以更好地发展体育技能、培养团队精神，并提升自己的创新能力和领导力。

（三）使大学体育产、学、研相融合

在信息时代背景下，“信息”已经成为社会中价值极高的资源。大学作为学术研究、信息调研和资源开发的核心机构，在大学体育教育改革创新的过程中，可以充分利用信息技术和电子设备，加强体育科研活动。在推动体育社会化和产业化的背景下，大学应展开深入研究，发掘体育事业的市场潜力，并站在数字化体育和信息化体育的视角，思考更加有利于开发体育市场的途径和方法，以充分体现大学体育市场的社会价值。

通过以大学生群体和大学校园为核心，带动我国体育市场的发展，可以促进大学体育教学改革。这样的改革不仅能提高学生的身体素养，还能推动全民体育事业的发展。大学可以积极培养学生对体育科研和市场开发的兴趣，引导学生运用信息技术和电子设备进行体育研究，挖掘体育产业的商机。同时，大学可以与相关体育企业和机构合作，开展合作研究项目，推动体育产业的创新和发展。

在信息化的时代，大学可以通过建设数字化平台和信息化系统，提供丰富的体育信息资源，包括体育赛事数据、运动训练方法、健康管理知识等，以满足学生和社会大众对体育信息的需求。大学还可以通过开设相关专业课程和培训项目，培养专业人才，推动数字化体育和信息化体育的发展。

三、信息技术视域下大学体育教学改革的途径

（一）转变教育思想，培养教师信息技术应用能力

当代体育教育应转变传统的教育思想，以学生为主的角度加强师生互动，充分调动学生的自主性，让学生融入体育学习中，并引导学生主动改革完善体育学习模式。这就需要教师将教学模式从以教师为中心向以学生为中心转换，结合学生的专业、兴趣、爱好，制定分层、分流教学计划，加强课内教学与课外锻炼的结合，提供良好的自主体育学习氛围。积极应用多媒体和信息技术，打破传统的教学方式。

教师应当意识到信息技术对于教学的重要性，并主动学习各种先进的信息技术教学理念和教学方法，以不断丰富自我知识，提高教学能力。为了实现这一目标，教师可以通过多种途径进行学习，如资料查询、外出学习等方式。这样的努力不仅可以帮助教师掌握最新的信息技术知识，还能够提高他们在教学中运用信息技术的能力和水平。

学校应该为体育教师安排相应的培训活动，以进一步加强他们对信息技术的学习和应用。这可以包括带领体育教师到国外先进大学或者国内优质院校学习信息技术，或者邀请相应的信息技术专家到校进行讲座培训。通过这样的培训活动，体育教师能够更好地理解和认识信息技术，同时也能够帮助他们将信息技术与本校的实际情况相结合，推动教学改革的深入进行。

此外，为了更好地推动信息技术在大学体育教学中的应用，学校可以组建教研团队，致力于研究信息技术对体育教学的影响，并探索符合本校实际教学情况的信息技术应用策略。通过教研团队的工作，可以全面提高教师的综合素养，改变他们的教学理念，使信息技术能够在大学体育教学中获得有效应用。教研团队可以通过研讨会、讨论小组等形式，促进教师之间的交流与合作，共同探索出适合本校的信息技术教学模式。

总之，要想实现信息技术在大学体育教学中的有效应用，教师需要主动学习，并通过多种途径不断充实自己的知识。学校则应提供相应的培训活动和支持，帮助教师更好地学习和应用信息技术。同时，组建教研团队进行研究和探索，可以有效地促进教师的发展和教学改革的实践工作。

（二）加强资源整合，拓展体育教学内容

传统的大学体育教学主要侧重于教授各种常见的体育项目，但未充分考虑学生的个性差异和学习爱好。为了更好地改革体育教学，需要注重激发学生的体育兴趣，引导他们养

成锻炼的习惯。因此，在教学过程中，教师需要加强整合和应用各种体育资源，将传统的民族体育项目、舞蹈、体操以及基本的体育训练项目融入体育教学中，给予学生多样化的选择，以满足不同学生的兴趣需求。

为了实现这一目标，教师可以利用信息技术举办“趣味体育项目征集”活动。通过这一活动，学生可以将自己喜欢的体育项目发布到平台上，然后通过投票的方式选出学生最喜欢的体育项目。根据投票结果，教师可以邀请相应的专业人士对学生展开教学，从而更好地满足学生的需求和兴趣。

在开始体育教学之前，教师可以通过电子调查问卷的方式了解学生对参与体育项目的意愿。根据学生的兴趣爱好，教师可以将学生分成不同的小组，以便更好地组织和安排体育教学活动。

通过以上的改革措施，传统的大学体育教学将更加注重学生的个性化需求和兴趣爱好，为他们提供更多选择的机会。这种体育教学的改革将有助于激发学生的学习热情，培养他们的体育兴趣，并促使他们形成良好的锻炼习惯。

（三）加强网络平台建设，提供个性化学习渠道

在信息技术的支持下，体育教学可以突破时间、空间限制，让学生随时随地参与体育训练，既满足学生的体育训练需求，又给学生提供个性化体育引导。

第一，建设线上教育平台。教师根据本校教学特点及地方文化特色，挖掘民族体育项目、传统体育项目及学生喜欢的体育项目，通过多种渠道收集体育教学资源并上传至线上教育平台，给学生提供视频教育服务，让学生能够随时随地通过线上教育平台选择自己喜欢的体育项目并展开体育训练。

第二，开展线上学习积分活动。根据线上教育平台的使用频率、使用时间及训练成果对学生进行评价。根据学生线上教育平台的使用时间，按照一定比例给予学生相应的体育积分，达到一定积分之后，对学生进行考核，通过考核者即可进行更高层次的体育训练，以此促进学生能够在不断地训练与学习中获得进步，激发学生的获得感与成就感。

第三，开设线上交流平台。每名学生的兴趣爱好不同，喜欢的体育项目也会不同，教师可以根据不同的体育项目开设交流群组，让学生以相同的爱好进行交流，分享自己的学习训练经验，调动学生的自主性，促进学生逐渐养成良好的体育训练习惯。

（四）开展体育宣传活动，提高社会影响力

在体育教学过程中，大部分学生认为学习体育对未来发展与就业并没有太大的影响，导致学生忽略了体育学习。因此，可以加强体育活动宣传，使学生成为体育活动的宣传

者，并参与体育学习中，让体育成为学生社会实践经验的一部分。

第一，开设校园义务训练机构。该机构可以挑选拥有体育特长的学生作为教练，组织小型体育培训班，让其他学生积极地参与培训。这样做的好处是既能充分利用学生的专长，提高他们的领导能力和教学技巧，又能为其他学生提供多样化的体育培训机会。通过这种方式，学生们可以在兴趣爱好中学习和锻炼，更好地发展自己的体育才能。

第二，开展义务表演活动。为了更好地满足学生的需求和兴趣，可以通过大数据统计学生喜欢的体育项目，并通过网络报名的方式定期组织学生进行义务表演。这样不仅能够增加学生们参与体育活动的机会，还能提高他们的表演能力和自信心。同时，通过义务表演活动，可以为校园体育增添更多的色彩和活力，增强学生对体育的热爱和参与度。

第三，加强线上体育活动宣传。传统的宣传方式已经无法满足当今学生对信息获取的需求，因此需要采取新的手段和平台来扩大体育活动的影响力。学校可以定期对本校体育活动进行宣传，利用互联网、媒体平台、视频软件等渠道进行广告推广。通过精彩的宣传视频、动人的报道和互动的活动信息发布，可以吸引更多的学生关注和参与体育活动，提高体育在校园中的影响力。

随着信息技术的高速发展，大学体育教学改革也迎来了全新的契机，因此大学体育教育必须认识到信息技术对体育教学产生的积极影响。结合当前教学中存在的具体问题探索信息技术的应用策略，并在信息技术的影响下构建完善的体育教学体系，提高体育教学质量，促进大学体育教学改革创新。

第三节　立德树人视域下大学体育课程思政教育发展

“立德树人是体育教学的原点。”①高等教育在大学生身心素质的提升方面具有十分重要的促进作用。作为高等教育的重要内容之一，大学体育课程不仅能够提升学生的身体素质水平，而且能够通过体育学科中所蕴含的思想政治教育元素，对学生展开思想政治方面的教育，是培养全面发展、德才兼备的新时代人才的重要手段。在立德树人背景下，以大学体育课程为载体开展思政教育，对于大学体育教学目标与思想政治教育目标的实现有着十分重要的辅助作用。学生在大学体育课程中，不仅能获得良好的身体素质水平，还能够进一步提升自身的精神品质，最终实现学生德智体美劳全面发展的教育目的。

---

① 张自斌．体育教学中“德育”渗透 [J]. 教书育人，2023（4）：35.

一、立德树人视域下大学体育课程思政教育发展的目标

“体育是大学教育的重要组成部分，体育是立德树人的载体，如何使体育教育真正成为立德树人的载体，真正发挥体育育人功能和作用是当前大学体育教师的重要任务。”①

立德树人视域下，大学体育课程思政教育的发展目标是培养学生全面发展、健康成长的思想品质和良好道德素养，以及提高他们的身体素质和综合能力。具体而言，大学体育课程思政教育的目标包括以下五个方面。

第一，弘扬崇高的思想理念。通过体育课程，引导学生理解和信仰社会主义核心价值观，强调集体主义、国家意识和社会责任感，培养学生热爱祖国、崇尚真善美的情感和价值观念。

第二，培养良好的团队合作精神。通过体育课程，鼓励学生主动参与集体体育活动，提升团队协作、合作意识和集体荣誉感，培养学生的互助精神、团队精神和集体观念。

第三，培养健康的生活方式。通过体育课程，引导学生树立积极的生活态度和健康的生活方式，养成良好的运动习惯和锻炼意识，增强体质，提高身体素质，防止疾病和提高身心健康。

第四，培养正确的竞争意识和道德观念。通过体育课程，引导学生正确对待竞争，树立公平竞争、诚实守信的道德观念，培养学生的团队合作精神和公平竞争的素养，培养学生正确面对胜负、挫折和成功的态度。

第五，培养学生的领导才能和组织管理能力。通过体育课程，培养学生的领导才能和组织管理能力，锻炼学生的领导意识、团队管理和协调能力。

综上所述，立德树人视域下，大学体育课程思政教育的目标是通过体育教育，培养学生全面发展的思想品质和道德素养，提高他们的身体素质和综合能力，使他们成为具有社会责任感和健康生活方式的德才兼备的新时代人才。

二、立德树人视域下大学体育课程思政教育发展的途径

（一）结合体育教材内容开展思政教育

体育教学的丰富内容和广泛涉及面不仅使其具有思想性特征，而且在教学过程中产生各种不同的教育效果。在开展体育教学活动之前，体育教师首先需要认真研究相关教材，充分挖掘每个体育项目中所蕴含的思政元素，并在教学活动中寻找最佳时机将其融入。举

① 谢芹．浅谈大学体育教学中的立德树人[J]. 中国校外教育（中旬刊），2015（z1）：353.

例来说，对于球类项目的教学，体育教师可以根据教材内容设定相应的教学情境，通过模仿和自主锻炼的方式，让学生在教学实践中不断培养坚韧顽强、团队合作、遵守规则、宽容待人等优秀品质。

此外，体育教学还可以向学生介绍我国优秀运动员在重大赛事中团结奋进、为国争光、奋勇拼搏的事迹，或者播放相关视频，以培养学生的爱国热情和民族自豪感。同时，可以介绍优秀运动员在登上赛场之前所经历的漫长而艰苦的训练过程，以此来告诫学生无论从事何种事业，都需要脚踏实地、循序渐进。

（二）结合课堂教学特点渗透思政教育

1. 体育课堂常规中融入思政教育

在开展体育教学的过程中，体育课堂常规是必不可少的一个重要环节，由于该环节的思想政治教育元素十分浓厚，所以体育教师在该环节中也可适当地对学生展开一定的思政教育，重点对学生开展文明礼貌、组织纪律、思想作风教育，以保证课堂教学的制度化。

例如，上课之前对学生进行严格考勤，以提高学生的纪律性，同时教师还应该与学生相互问好，以培养学生文明的礼仪习惯。在体育课程的开展过程中，提出相关注意事项，加强安全教育，增强学生安全意识，培养学生助人为乐、热爱集体、爱护公物等优秀的品质。在体育课程的结束部分，鼓励学生大胆发言，分享自身的心得体会，以培养学生独立思考与言语表达能力等。

2. 结合不同的组织教法进行思政教育

科学合理的组织教法能够帮助体育教师将思想政治教育融入体育教学中。基于此，体育教师在开展体育教学时，应根据学生的身心发展特点，选择最适宜的组织教法进行教学，促进学生道德品质的提升。譬如，借助分组教学法，不仅可以培养学生的团结合作意识，还可以培养组长的责任心；借助竞赛教学法、游戏教学法，可以使学生在互动的过程中相互帮助、相互关怀、相互理解，增进学生之间的友谊，培养学生沟通能力、理解能力，同时也可以促进学生的集体荣誉感提升等；借助以优带差的方式，培养学生助人为乐、乐于奉献的优良品质。

3. 结合偶发事件的处理进行思政教育

在体育教学的开展过程中，不可避免地会出现各种各样的偶发事件。例如，学生之间可能会发生语言冲突和肢体冲突等情况。当这些情况发生时，教师应该保持冷静，

并灵活应对，以客观的态度进行分析，并采取合理的解决方法。同时，可以以这些偶发事件为例，对学生展开相应的道德教育，培养他们辨别是非的能力，并适时对他们进行批评和表扬。与此同时，还应引导学生学会包容和理解他人，最终实现思想政治教育的目标。

面对学生之间的语言冲突和肢体冲突，教师首先需要冷静下来，不被情绪左右。冷静有助于教师理性分析事件的原因和背景，并准确评估冲突的严重程度。教师可以借助旁观者的角色，客观地观察事件的经过，收集相关证据，并尽量避免主观偏见的干扰。

在分析事件原因时，教师可以与当事学生进行沟通，听取他们的陈述和意见。这样可以更好地了解冲突的来龙去脉，有助于寻找解决问题的方法。同时，教师还可以借助其他学生的见证，以获得更全面的情况了解。

在解决冲突时，教师需要采取合理的方法。对于语言冲突，教师可以引导学生通过对话来解决分歧，鼓励他们互相倾听和尊重。对于肢体冲突，教师应立即采取行动制止冲突，并将学生分开。同时，教师应与学生进行深入交流，帮助他们认识到冲突的不良影响，并引导他们寻找解决问题的途径。

除了解决冲突本身，教师还应利用偶发事件提供的教育机会，进行道德教育和品德培养。教师可以通过案例分析的方式，向学生阐明冲突产生的原因和后果，并引导他们思考应对冲突的正确方式。在讨论中，教师可以引导学生讨论冲突背后的价值观和道德观念，帮助他们形成正确的价值观念。

此外，教师还应适时对学生进行批评和表扬。对于涉及冲突的学生，教师可以指出他们的错误和不当行为，并提醒他们在类似情况下要更加理智和冷静。同时，对于善于化解冲突和积极表现的学生，教师应给予肯定和表扬，鼓励他们保持良好的行为习惯。

在解决偶发事件的过程中，教师还要引导学生学会包容和理解他人。体育教育不仅仅是培养学生的体能和技能，更重要的是培养他们的思想品德。通过处理冲突和教育引导，学生可以逐渐学会尊重他人、理解他人，并愿意从对方的角度思考问题。

（三）加强体育教师课程思政培训

作为立德树人根本任务的重要执行者，体育教师的综合素养至关重要，他们不仅是体育课程思政建设的主力军，而且是引领体育课程与思政教育共同发展的主体。因而，有必要加强体育教师课程思政培训，培养政治强、情怀深、人格正的优秀教师队伍，为大学体育课程思政建设工作的稳步推进提供重要的人才保障。

首先，大学相关领导应该定期组织教师开展课程思政会议，并邀请相关专家、学者组织开展课程思政教学的专题报告与讲座活动，通过会议、讲座、专题报告等形式，加强体育教师思政教育，使体育教师能够真正领悟课程思政的基本精神，并结合课程思政教育相关政策开展思政教育，真正落实好体育课程育人的责任。

其次，体育教师除了要积极参加大学所开展的各类培训活动，还应自觉主动地对课程思政相关专业知识进行持续性学习，以提升自身课程思政教学能力。具体而言，体育教师应该自觉学习马克思主义基本原理，充分认识到体育课程思政建设的重要意义，学会利用马克思主义观点和方法科学指导自身体育课程思政实践活动，解决体育教学中的各类问题，将体育价值引导与思政知识传授进行有机结合。

最后，大学相关部门应加强体育教师思想政治方面的考核力度，将体育教师的课程思政能力纳入职称评定、年终绩效考核中，鼓励教师对自身的不足进行客观审视，并在之后的教学中进行优化与改进。另外，大学也可以鼓励体育教师编写教材，并将思政元素作为考核内容，对教师教学质量考核评价标准进行灵活调整。大学可以根据体育教师的教学实际，构建科学合理的奖惩机制，必要时给予教师相应的奖励或惩罚，保证大学体育课程思政各项工作能够顺利实施。

（四）加强体育课程评价体系的完善

为了全面准确地评价大学体育课程的教学效果，需要建立科学完善的评价指标体系。这个评价指标体系应该对学生体育课程的思政成绩进行不断优化与完善，并在考核和评价过程中充分体现多样性和公平性，以创造一个既注重结果评价又注重过程评价、既注重定量评价又注重定性评价的评价体系。

除了对学生的体育基本技术掌握情况进行考核，还应该考核学生的思想政治素养。在评价体系中，应该关注学生在体育学习过程中的参与程度、技战术水平、体能素质状况、思想道德素质等方面，并通过小论文、外出志愿服务等途径对学生展开考核。这样可以全面了解学生的综合能力和素质发展情况。同时，学生的出勤情况、理想信念、品德修养等也应该作为评价指标之一。出勤情况可以反映学生对体育课程的重视程度和学习态度，而理想信念和品德修养则关乎学生的思想道德素质和社会责任感。这些方面的评价可以通过问卷调查、日常观察和班级讨论等方式进行。

为了确保评价的科学性和公正性，评价指标体系应该具有一定的权威性和客观性。可以邀请相关专家学者参与评价指标的制定和评价标准的确定，通过专业知识和经验的结合，确保评价指标的科学性和可操作性。此外，评价过程中应该注重统计数据的收集和分析，确保评价结果的客观性和可比性。

为了使评价指标体系更加完善，还可以进行定期的评估和反馈。通过对过去评价结果的分析和总结，发现评价指标体系中的不足和改进空间，并及时进行调整和优化。同时，

也要充分听取学生和教师的意见和建议，以不断改进评价指标体系，提高评价的准确性和有效性。

在立德树人视域下，大学体育课程思政建设有着非常重要的实践意义，不仅关系到学生的健康成长与未来发展，也关系到整个国家与社会的稳步前进与发展。这就需要各方力量在立德树人理念的指导下共同努力与积极支持，并在新时代背景下朝着同一个目标前进，以保证学生既拥有良好的身体素质，也拥有完善的人格品质与良好的道德修养，为国家与社会的长远进步及可持续发展培养德智体美劳全面发展的综合型人才。

第六章　新时期大学体育教学方法的创新与实践

第一节　大学体育教学方法中的混合教学法研究

一、大学体育教学方法中的混合教学法的概念

大学体育混合教学法是一种融合传统面授教学和现代技术手段的教学方法，旨在提高大学体育课程的教学效果和学生的学习体验。该方法将传统的面授教学与在线学习相结合，充分利用现代技术设备和网络平台，以提供更灵活、个性化的学习方式。

大学体育混合教学法的核心思想是将课堂教学与实践运动相结合，以促进学生的身体素质、技能和意识的全面发展。在传统面授教学中，教师通过讲解、示范，指导学生掌握体育技能和理论知识。而在混合教学中，教师还可以利用现代技术手段，如视频教学、在线讨论和互动平台等，扩大学生的学习资源和交流机会。学生可以通过在线学习平台进行自主学习和复习，观看教学视频、参与讨论和交流，同时也可以利用线下实践活动进行运动训练和实践操作。

大学体育混合教学法的优势在于提供更加灵活和个性化的学习方式。学生可以根据自己的学习进度和兴趣选择在线学习的时间和地点，充分发挥自主学习的能力。同时，教师可以根据学生的学习情况和反馈及时调整教学内容和方式，以更好地满足学生的需求。此外，大学体育混合教学法还能够提供更多的学习资源和实践机会。

二、大学体育课程混合式教学模式的优化策略

（一）多样并审视：适配学习者

适配学习者原则是要素混合的首要原则。这是因为混合不同的学习资源，必然要求和学习者的能力、需求、水平以及兴趣等相适配；混合不同的学习环境，要求与学习者的学习目标、认知情况等相适配；混合不同的媒体技术，应该和环境条件、学习者掌握媒体的

水平、个性等相适配；对不同的学习方式进行混合，要求和学习者开展学习的过程、学习行为的特征等相适配。

由此可见，适配学习者是混合教学的重要原则，要求对学习者和教学要素的适配进行考虑。教师对混合式教学模式进行设计时，需要对学习者进行充分研究，确保教学要素与学习者的适配。

（二）建制并实践：适配学习内容

学习内容的不同要求对不同要素进行混合。课程学习要求混合不同的教学模块以及不同的课程。比如，以实践为主的《大学足球》《大学篮球》等课程，主要内容涵盖了三个层次，分别是基本理论知识、实践操作以及解决实际问题，这就需要学习资源应该对上述不同层次内容进行混合，特别是对实践案例进行补充，对专题化与主题化的模块进行构建。在学习环境方面，要求对任务性操作环境、社会区域性环境以及师生交互环境等进行混合；在媒体技术方面，要求对网络课件、互联网技术等进行混合；在学习方式方面，要求混合不同的学习方式，比如，混合交流学习、实践学习、自主学习等不同方式。

（三）加工并展示：适配学习过程

学习过程要求的混合要素不同。基于构建学习理论，情境学习要求良构情境混合劣构情境，应该基于网络情境和面授情境进行引导，因此要求混合体验、模拟、思考等；交流互动时期要求对不同的远程交流、人际互动等进行混合；反思和实作时期要求对成果展示、个人加工等进行混合。基于学习过程不同进行不同要素的混合，从而对学习过程的开展给予支持。

（四）拓展并破解：适配学习情境

学习情境的不同要求混合不同的要素。对于远程学习环境而言，学习情境一方面是任务情境融合文化情境，另一方面是基于互联网技术的不同媒体技术和辅助以人际的交互环境之间的混合，同时是学习资源混合学习者的经验。远程学习情境特点明确了混合要素和其适配。比如，学习资源混合，一是对结构性资源、操作性资源等进行优先混合，借助这些资源对学习者把握情境、拓展情境等进行引导；二是地方文化资源与传统文化资源之间的混合，借助上述资源拉近学习者心理距离；三是学习者背景性的知识与实践性的经验进行混合，借助上述资源使学习者进入学习情境并体验。

（五）全面与督导：适配学习评价

混合式教学模式能够对教学评价师生进行鼓励，对线上教学与线下教学的开展起到推动作用。这就需要混合式教学模式评价遵循以下四条原则。

第一，发展性原则。基于学生动态发展以及学习进步，对改进教师混合式教学能力与行为给予重视，能够对师生双方教与学的积极性进行充分调动。

第二，遵循整体性原则。基于全面的角度，同时和整体的混合式教学活动相结合，进行混合式教学的评价，从而全面评价混合式教学模式，确保评价的全面性。

第三，遵循科学性原则。在混合式教学模式评价过程中，基于教学统一的角度进行线上线下评价，依据是混合式教学模式目标，从而对科学评价标准进行确定，实现精准地评价线上教学、线下教学等，正确处理各种评价数据，避免主观评价。

第四，遵循指导性原则。混合式教学模式的评价需要以师生的优点与不足为前提，对师生发展提出建设性意见，从而能够充分发扬被评价者的优点，使其缺点得到克服。

基于此，混合式教学模式的指导思想要明确，要从实际出发，对形成性评价给予重视。

第二节　大学体育教学方法中的互动式教学法应用研究

一、互动式大学体育教学的内涵

“互动式教学法是指在教学的过程中，师生双方的氛围是民主、平等和坦诚的，并在问答和辩论等方式中进行探讨和学习，能够有效激发出双方的创造和创新能力，是一种能够让教学效果达到最大化的新型教学方式。”①同时，互动式教学法有利于构建新型的师生关系，在教学过程中注重对学生主体地位的凸显，是一种充分体现“以人为本”的、具有创新理念的教学方法。

在此教学情境中，师与生双方以各自不同的身份，遵循一定的规则与规范，这些规则与规范是师生双方共同接受、共同认可的。在这些规则与规范的影响与导向下，师生双方在教学过程中进行着彼此相关、相互作用的物质与精神的交换和传导的活动。在这种过程中，传导的包括物与非物的、言语与非言语的、理解与解释、领悟与说明等环节和方面。

具体而言，就是师生双方在教学活动过程中共同构建起的教与学的情境。教与学是教学体系的基本构成因素，其相互间的关系问题是教学的本质问题，同时也是教学领域中起主导作用的理论问题。正确处理好两者之间的关系，是推进教学发展进程、提高教学效果的重要保障。互动式大学体育教学将教学的本质定位为交往，而交往的实施要建立在师生间相互尊重、平等和谐的基础上。

① 张凌，徐国根．互动式教学法在体育专业《运动解剖学》教学中的应用研究 [J]. 北方文学（中旬刊），2017（4）：227.

二、互动式大学体育教学的特征

（一）互动过程遵循秩序化原则

在互动式大学体育教学中，互动的实质是师生之间、生生之间在情感、行为、思想以及个性特征等诸多方面的碰撞、融合、互补、创新、发展的过程，是建立在民主平等基础上的交流、合作、竞争以及对成功的共同体验与共享。因此，这种互动要遵循循序渐进的发展规律，并在此规律的规范与引导下，有节奏、分层次地进行。

在互动式大学体育教学中，师生之间的互动是教学过程中至关重要的一环。教师应该以积极、开放的态度引导学生参与互动，鼓励他们表达自己的观点、提出问题和分享经验。同时，教师还应该倾听学生的意见和建议，尊重他们的个性差异，并及时给予反馈和指导，以促进学生的成长和发展。

此外，学生之间的互动也是互动式大学体育教学的重要组成部分。学生之间可以通过合作、竞争等方式相互影响和刺激，共同探索、学习和成长。通过与同伴的互动，学生可以培养团队合作意识、培养竞争意识，并从中获得互相学习和共同进步的机会。

（二）互动空间具有开放性

体育教学具有开放性的特征，而互动式大学体育教学则是一种开放式的教学方法。它有效地突破了传统教学模式的束缚，从教学理念、教学方法、教学组织形式以及教学内容的选择等方面，朝着自主、开放的方向发展，整个教学过程呈现出动态的开放态势。

首先，互动式大学体育教学的开放性在于学生能够根据自身发展的需求自主选择教师和学习内容。学生可以根据自己的兴趣和特长选择适合自己的教师，同时也能自由选择学习的内容，使教学更加贴合个体学生的需求。

其次，在教学过程中，学生被鼓励自主组建学习小组，这有助于学生之间的互相交流和研讨。学习小组可以促进学生之间的合作学习，让他们在共同探索和讨论中相互启发，拓展视野，增强学习效果。

再次，在互动式大学体育教学中，教师处于引导和辅助的地位，更有利于掌握学生学习的动态，便于及时给予修正和调控。教师不再是传统教学中的单一权威，而是与学生共同参与学习的伙伴，通过与学生的互动和反馈，能够更好地了解学生的学习情况，因此能够更加有针对性地指导学生，提供个性化的支持和帮助。

最后，在互动式大学体育教学中，鼓励和支持学生展现和发展个性，为学生的成长提供更广阔的发展空间。每位学生都有自己独特的特点和潜力，互动式大学体育教学能够通过个性化的教学方式和关注，激发学生的创造力和潜能，培养他们全面发展的能力。

（三）灵活多变的教学组织形式

互动式大学体育教学是一种基于学生参与和合作的教学形式，其核心在于组建学习小组，以进行有目的性的研究和探讨。教师在这个过程中，根据教学内容的需求，创造各种教学情境，采用形式多样的情景模拟、体验交流和认知讨论等活动，从而帮助学生更深入、透彻地理解和掌握所学的教学内容。

在互动式教学中，教师扮演着引导者和组织者的角色。他们不再是传统意义上的知识传授者，而是促进学生积极参与学习的引导者。教师通过设立问题、引导讨论和组织活动等方式，激发学生的学习兴趣和动力，使他们主动地思考、探索和解决问题。

互动式教学的另一个重要特点是学生之间的合作与竞争。教师可以设计组间竞技的活动，让学生在合作中竞争、在竞争中合作，培养他们的团队意识和竞争意识。同时，学生之间的个性化意见交流也是互动式教学的重要组成部分。学生可以分享自己的观点和体验，互相倾听和学习，从而提高他们的表达能力、沟通能力和交流能力。

团队合作也是互动式大学体育教学的重要环节。通过小组合作项目，学生们可以学会协调合作、分工合作和互相支持，培养他们的团队合作精神和组织能力。这种合作不仅仅是在课堂上进行，还可以延伸到课外活动和社会实践中，使学生能够更好地应对现实生活中的挑战。

互动式大学体育教学的最终目标是加强学生对体育教学内涵的感悟，激发他们对自身发展的追求。通过积极参与和合作的学习方式，学生可以更好地理解和运用所学的知识，培养自主学习的能力，并将其应用到日常生活和未来的职业发展中。

三、互动式大学体育教学的应用策略

（一）加强教师素质培养，促进创新能力的发展

为推动大学体育教学改革发展，提高体育教师自身素质和教学创新能力，需要注重培养整体素质较高的大学体育教师队伍。这样的队伍将能够适应大学体育教学改革发展的需求，并成为推动力量。

首先，为了加强教师素质培养，应该建立完善的培训机制。这包括提供系统化的培训课程，涵盖教学方法、教育理论、专业知识以及创新思维等方面的内容。培训课程应该结合实际情况，注重理论与实践相结合，培养教师的实际操作能力和问题解决能力。

其次，鼓励教师参与学术交流和研究。通过参与学术会议、发表论文、进行合作研究

等方式，教师可以与同行进行深入的学术交流，了解最新的教育研究成果和教学方法。这样的交流和研究活动将促进教师的学术思维和创新能力的发展。

再次，还可以通过引进外部专家和资源来提升教师的素质。与其他高校或专业机构建立合作关系，邀请专家进行讲座或工作坊，开展教师交流访问等活动，为教师提供更广泛的学习和成长机会。这样的交流与合作将为教师带来新的思路和方法，激发他们的创新潜力。

最后，应该重视教师的个人发展和成长。为教师提供良好的工作环境和发展机会，包括教学资源的支持、职称评聘制度的完善以及培养计划的设计等。同时，也应该鼓励教师参与继续教育和自主学习，不断提升自己的专业水平和能力。

（二）充分发挥学生在体育教学过程中的主体地位

在体育教学过程中，学生的主体地位应得到充分地发挥和重视。大学应该注重培养学生在学习体育时的主观能动性，尊重他们的独立思考和行动能力，使他们在学习过程中成为积极的参与者和决策者。

首先，大学应该给予学生更多的自主选择权。在课程设计中，应该为学生提供一定的选择空间，让他们能够根据自己的兴趣和特长选择适合自己的体育项目和活动。通过这种方式，学生可以更好地发挥自己的特长和潜力，从而提高学习的积极性和主动性。

其次，大学应该鼓励学生勇于质疑和思考。在体育教学中，不应该只是简单地传授知识和技能，而是要引导学生思考体育背后的原理和意义。可以通过提出问题、讨论和辩论的方式，激发学生的思考和质疑精神，培养他们的批判性思维能力和问题解决能力。

再次，大学应该给予学生充分的表达和参与机会。在体育教学中，学生应该被鼓励积极参与课堂活动、团队合作和竞赛等，表达自己的意见和观点。通过参与和交流，学生可以增强自己的自信心和沟通能力，培养良好的团队合作精神和领导能力。

最后，大学应该给予学生足够的支持和指导。作为教师，应该关注学生的个体差异，理解和尊重他们的特点和需求，根据学生的实际情况提供个性化的指导和支持。通过这种方式，可以帮助学生克服困难和挑战，促进他们的成长和发展。

（三）注重对体育教学情境的精准创设和有效引导

大学体育教学在注重学生综合素质能力提高的同时，应该着重关注教学情境的创设和有效引导。通过创造具有针对性的情境，学生能够在其中进行思维发展、体验促进和感悟加深，从而形成相互尊重、相互信任、团结合作、共同发展的良好学习环境。

首先，创设具有针对性的教学情境对于大学体育教学至关重要。教师应该根据学生的学习需求和兴趣特点，设计适合的教学活动和场景。例如，在体育教学中可以模拟真实比赛的情境，让学生充分体验到比赛的紧张与激情，培养他们的竞技意识和团队合作能力。又如在健身训练方面，可以创造具有挑战性的环境，激发学生的积极性和毅力，提高他们的身体素质和自我管理能力。

其次，教师在教学过程中需要进行切实有效的引导。引导是教师对学生学习的有意识的影响和指导，通过引导，教师可以激发学生的学习兴趣和潜能。在大学体育教学中，教师可以采用启发式的教学方法，引导学生主动思考和探究，培养他们的创新精神和解决问题的能力。同时，教师还可以通过激励和反馈，及时指导学生的学习行为，帮助他们更好地理解和掌握体育知识和技能。

通过创设情境和有效引导，大学体育教学可以实现多方面的教育目标。学生在具体的情境中能够更好地理解和应用所学知识，促进思维发展和创新能力的培养。通过体验和感悟，学生可以深化对体育运动的理解和体验，提高对身体健康的重视和保护意识。同时，在团队合作和竞技精神的培养中，学生能够形成相互尊重、相互信任的良好人际关系，培养合作意识和团队精神。

最后，通过参与体育教学活动，学生的身体素质和综合能力得到有效提高，为他们未来的发展奠定坚实的基础。

第三节　大学体育教学方法中的创新性思维应用研究

当今社会，大学教育事业发展活力显著增强，对创造性思维的应用提出了更高要求。当前形势下，必须精准把握大学体育教学和训练的关键与核心，有效运用创造性思维方法，从宏观层面强化提升大学体育教学和训练的整体成效。

在现代高等教育体系中，体育教学的关键性不言而喻，在全面提升大学生身体素质及促进现代大学生全面发展方面发挥着关键作用。随着当前经济文化事业的跨越式发展，社会各行业对大学生创造性思维构成了严峻挑战与考验，综合运用多种不同的教学方法与策略，在大学体育教学和训练中全面提升创造性思维的应用效果，成为当前大学体育教学的重点课题之一。

近年来，教育主管部门高度重视创造性思维在大学体育教学和训练中的应用，在体育课程设置、创造性思维模式构建、体育训练效果评价等方面制定并实施了一系列方针政策，为新时期创造性思维的高效融入奠定了坚实基础，为促进当前高等教育事业取得跨越式突破发展注入了强大动力与活力。同时，各地大学同样在优化创造性思维应用模式，在突出创造性思维的时代价值等方面进行了积极有效的探索，构建了以新时期大学生为主要对象、以现代高等教育理念为主导的创造性思维应用体系。尽管如此，受限于大学体育教

学和训练实际，创造性思维在应用中依旧存在诸多短板，如系统性、整体性及宏观性相对不足，需要给予高度重视。

一、大学体育教学方法中深化创新性思维应用的作用

（一）激发学生创造力

首先，大学体育教学提供了一个开放、自由的学习环境，鼓励学生从不同角度思考和解决问题。在团队运动中，学生需要与队友紧密合作，共同制订战略和执行计划。这要求他们充分发挥个人才能，同时借鉴他人的经验和观点。通过与团队成员的交流和合作，学生可以学到多样化的思维方式，培养灵活性和创新性思维。这种多元化的学习环境，为学生提供了一个发掘自己潜力和创新力的机会。

其次，创新性比赛和战略游戏是培养学生创新力的有效途径。这些比赛和游戏要求学生面对各种挑战和限制条件，寻找新的解决方案和策略。学生在比赛中必须思考创新性的方法来解决问题，同时还要在有限的时间内做出决策和行动。这种压力和挑战激发了学生的创新力，并促使他们不断探索和尝试新的思路。通过参与这些比赛和游戏，学生不仅能够提高自己的创新力，还能够培养解决问题的能力和团队合作精神。

最后，大学体育教学中的创新性思维应用对学生的综合发展具有重要意义。创新力不仅仅在体育领域发挥作用，它还能够渗透到其他学科和职业中。培养学生的创新力可以提高他们在各个学科中的创新能力，激发他们对知识的探索和发现欲望。无论是在科学、艺术、工程还是商业领域，创新性思维都是推动进步和创新的关键。通过大学体育教学中的创新性思维应用，学生可以培养跨学科的思维能力，为将来的职业发展奠定坚实的基础。

综上所述，深化创新性思维应用可以激发学生的创新能力，并在大学体育教学中提供一个理想的环境。通过团队运动、创新性比赛和战略游戏等活动，学生可以面临各种挑战，从而激发他们寻找新的解决方案和创新性思维的动力。这种教学方法不仅有助于学生在体育领域取得优异成绩，还能够培养他们在其他学科和职业中展现创新的能力。大学体育教学中的创新性思维应用对学生的综合发展具有重要意义，能够培养跨学科的思维能力，为他们未来的职业道路打下坚实的基础。

（二）提高学生的批判性思维

深化创新性思维应用不仅仅是为了激发学生的创新能力，同时也是为了培养他们的批判性思维。批判性思维是指对问题进行深入思考、分析和评估的能力，而不是简单地接受或模仿他人的观点。在大学体育教学中，通过让学生分析和评估不同的运动技巧和战略，

可以促使他们从多个角度去思考问题，并形成独立的见解。

首先，学生在分析运动技巧和策略时需要考虑到团队合作的因素。在团体项目中，每位队员的角色和职责都是不可或缺的。通过评估不同技巧和战略对团队合作的影响，学生可以更好地理解每个人在团队中的作用，并在实践中提出改进的建议。这培养了学生的批判性思维，使他们能够在团队环境中做出明智的决策和贡献。

其次，学生需要考虑战术调整的因素。在比赛中，情况可能随时发生变化，需要根据实际情况进行战术上的调整。学生可以通过分析不同的战术选择，并评估其对比赛结果的影响，来培养他们的批判性思维。这使他们能够在面对变化时，迅速做出决策，并对自己的战术选择进行反思和调整。

最后，身体机能也是学生需要考虑的重要因素之一。不同的身体条件和能力会对运动技巧和战略的选择产生影响。学生可以通过评估自己和他人的身体机能，以及技巧和战略对身体机能的要求，来培养他们的批判性思维。他们会学会权衡不同因素，并做出适合自己和团队的选择。

（三）提高学生解决问题的能力

在大学体育教学中，学生经常会面临各种各样的挑战和困难。无论是参与团队运动需要协调合作，还是在个人项目中克服技术难题，学生都需要运用创新性思维来寻找解决方案。通过持续面对挑战并努力找到解决方法，学生的问题解决能力得到锻炼和提高，他们能够更从容地应对各种困难和挑战。

首先，大学体育教学中的团队运动需要学生在协调合作中发挥创新性思维。在团队体育项目中，学生必须与队友紧密合作，协调彼此的动作和策略，以达到最佳的团队表现。这要求学生展现出创造性思维，能够从整体的角度思考问题，并提出独特的解决方案。例如，在足球比赛中，当球队面临对手强大的防守时，学生可以通过改变战术、采用出人意料的配合方式或者制定新的进攻策略来突破对方的防线。这样的创新性思维能够为团队带来意想不到的好处，并使学生解决问题的能力得到提升。

其次，个人体育项目也需要学生运用创新性思维来克服技术难题。在许多个人项目中，学生需要不断提升自己的技术水平，并在面对困难时找到解决办法。例如，在击剑运动中，学生可能会遇到技巧高超的对手，需要通过创新性思维来制定反击策略。他们可以通过改变自己的出招时机、角度或者采用新的进攻方式来对抗对手。这种创新性思维不仅可以帮助学生在比赛中取得成功，还能够提高他们的自信心和应变能力。

（四）促进综合能力的发展

大学体育教学的目标是培养学生多个维度的能力，其中包括身体协调、心理素质和团

队合作等。然而，要实现这些目标，并使学生在各个方面进行综合发展，深化创新性思维的应用是至关重要的。通过参与各种创新性的体育活动，学生能够全面提升自己的身体素质、沟通能力、领导力和团队协作能力等，从而使他们成为全面发展的优秀人才。

首先，在体育教学中，深化创新性思维可以提升学生的身体素质。体育活动本身就是一种锻炼身体的方式，但通过创新性思维的引导，学生可以在传统的体育运动中发现新的训练方法和技巧。例如，他们可以通过改变传统的训练方式，设计出更富有挑战性和趣味性的训练项目，从而提高身体的协调性、灵活性和耐力。这种创新性思维的应用将激发学生对体育的兴趣，使他们更加积极主动地参与到体育活动中去。

其次，在体育教学中，深化创新性思维有助于培养学生的沟通能力。在团队体育项目中，良好的沟通是团队成员之间协作的关键。通过引导学生进行创新性思维的训练，可以激发他们对于团队沟通的创新意识。例如，学生可以通过创新的方式改进传统的沟通模式，如利用科技手段提高信息传递的效率，或者设计新的沟通工具和方式，以促进团队成员之间的交流和理解。这样的创新性思维应用将培养学生的沟通技巧和团队协作能力，使他们在未来的工作和生活中能够更好地与他人合作。

最后，在体育教学中，深化创新性思维还能够培养学生的领导力。通过鼓励学生在体育活动中发挥创新性思维，使他们有机会担任领导者的角色，并提供新的想法和解决方案。学生可以通过创新性思维的应用，设计和组织新颖的体育项目，带领团队完成挑战性的任务。这种领导经验将使学生学会有效地管理资源、激发团队成员的潜力，并在压力下保持冷静和自信。这些领导力的培养对于学生未来的职业发展和社会责任的承担都具有重要的意义。

二、大学体育教学方法中深化创新性思维应用的策略

在大学体育教学中，深化创新性思维应用是一项重要的策略。随着社会的不断进步和发展，培养学生的创新性思维能力已成为大学教育的一个重要目标。体育教学作为培养学生全面发展的重要环节，也应该注重培养学生的创新性思维。以下将探讨在大学体育教学中深化创新性思维应用的策略。

首先，为了深化创新性思维的应用，大学体育教学应该注重培养学生的观察力和发现力。体育运动是一个充满创新性的领域，学生在体育运动中应该学会观察和发现问题，并提出解决问题的方法和创新点。教师可以通过设计有趣的体育项目和活动，引导学生主动观察和思考，培养他们的观察力和发现力。例如，在篮球教学中，教师可以设计一些特殊的比赛规则，要求学生根据规则进行观察和判断，从而培养学生的观察力和发现力。

其次，大学体育教学应该注重培养学生的创新能力和解决问题的能力。创新性思维强

调的是从新的角度出发解决问题，因此，培养学生的创新能力是深化创新性思维的关键。在体育教学中，教师可以鼓励学生提出新颖的运动技巧或战术，鼓励他们尝试不同的训练方法和比赛策略。同时，教师还可以设置一些开放性的问题和情境，要求学生通过创新的方式解决问题。例如，在足球教学中，教师可以提出一个挑战，要求学生设计一种新的进攻战术，通过团队合作和创新思维来解决问题。

再次，大学体育教学应该注重培养学生的合作精神和团队意识。创新性思维常常需要多方面的智慧和资源的共享，因此，培养学生的合作精神和团队意识对于深化创新性思维至关重要。教师可以设计一些团队合作的体育项目和活动，要求学生共同合作完成任务。在团队合作中，学生可以通过相互交流和协作，发挥各自的优势，共同解决问题，培养他们的合作能力和创新性思维。

最后，大学体育教学还应该注重培养学生的自主学习和探究精神。创新性思维需要学生主动地去寻找问题和解决问题的方法，因此，培养学生的自主学习和探究精神是非常重要的。教师可以提供一些开放性的学习任务和项目，鼓励学生主动去寻找相关的资料和资源，进行自主学习和探究。同时，教师还应该给予学生足够的自由度和支持，鼓励他们尝试不同的学习方法和思维方式，培养他们的自主学习和探究精神。

参考文献

[1]边文洪.慕课环境下的大学体育教学策略[J].科教导刊—电子版（上旬），2020（7）：239.

[2]曹展.论大学体育教学与立德树人之融合式发展[J].速读（上旬），2019（10）：130.

[3]陈丽波.大学体育教学模式创新[J].当代体育科技，2012，2（35）：70—71.

[4]董久奎，唐炼.信息化教学在大学体育教学中的运用[J].齐齐哈尔师范高等专科学校学报，2020（3）：126—128.

[5]冯其明.慕课背景下大学体育翻转课堂模式教学策略研究[J].辽宁体育科技，2021，43（5）：99—103.

[6]龚洁薇.立德树人视域下大学体育教学的思考[J].当代体育科技，2019，9（24）：120—121.

[7]果杨.创新教育理念下大学体育教学方法的探讨[J].南北桥，2020（23）：18.

[8]郝子平.创新教育理念下大学体育教学方法的研究[J].体育科技文献通报，2020，28（3）：37，46.

[9]侯化庆.德育在初中体育教学中的渗透策略[J].华夏教师，2022（32）：9—11.

[10]华卫平.浅论大学体育教学现状[J].佳木斯职业学院学报，2015（7）：379，381.

[11]滑冰.大学体育教学中建构学生思想品德教育模式研究[J].内蒙古民族大学学报（自然科学版），2014（1）：119—120，124.

[12]雷敏，陈翔.高校体育资源与公共体育服务的互动建设研究——以陕西省为例[J].中原工学院学报，2017，28（2）：91—96.

[13]刘瑶.大学生心理健康与体育教学[J].武汉冶金管理干部学院学报，2022，32（2）：87—90.

[14]陆永江，郑孟君.教育资源开发及大学体育教学革新探讨[J].体育科技，2019，40（4）：163—164.

[15]马昕.大学体育教学模式改革分析[J].现代职业教育，2016（7）：100—101.

[16]任鑫洁.引入创造性思维提高学生创新能力[J].消费导刊，2015（11）：393.

[17]邵语平，李宏.基于“互联网+”高校大学体育信息化教学改革探析[J].办公自动化，2023，28（9）：14—16.

[18]盛鑫.在大学体育教学中渗透德育教育[J].考试周刊，2012（25）：89—90.

[19] 史宽.翻转课堂教学模式在大学体育教学中的作用效果[J].当代体育科技，2021，11（31）：68—70.

[20] 孙长云.互动式教学法在体育院校体育理论课教学中的运用[J].吉林体育学院学报，2008，24（6）：127—128.

[21] 王广磊，李晓静，宋旭，等.信息化背景下大学体育教学方式变革研究[J].山东体育学院学报，2018，34（1）：134—136.

[22] 王会儒，赵晗华，余建波.中国大学慕课体育类课程建设的现状分析与发展对策[J].武汉体育学院学报，2019，53（8）：69—75.

[23] 王建民.体育大学生创新思维的个性特征[J].体育成人教育学刊，2004，20（5）：20—21.

[24] 谢芹.浅谈大学体育教学中的立德树人[J].中国校外教育（中旬刊），2015（z1）：353.

[25] 辛辉.体育学科教学中渗透心理健康教育的实践与探索[J].学周刊，2023，13（13）：157—159.

[26] 徐静，潘煜.协同创新战略背景下的大学体育教学资源共享研究[J].运动精品，2021，40（10）：38—39.

[27] 徐俊英.慕课对大学生体育视觉形象的建构研究[J].内蒙古师范大学学报（教育科学版），2016，29（12）：163—164.

[28] 于铁钢.学校体育教学中德育的特点与路径探析[J].成才之路，2023（1）：29—32.

[29] 张东南.浅析大学体育课程教学资源的开发和利用[J].体育时空，2013（14）：99.

[30] 张凌，徐国根.互动式教学法在体育专业《运动解剖学》教学中的应用研究[J].北方文学（中旬刊），2017（4）：227.

[31] 张双全.信息化视域下大学体育教学改革探讨[J].教育教学论坛，2022（49）：50—53.

[32] 张自斌.体育教学中“德育”渗透[J].教书育人，2023（4）：33—35.

[33] 赵金祥.新时期大学体育教学方法探讨[J].湖北函授大学学报，2016，29（12）：110—111.

[34] 赵旋屹，王永义.体育教学与心理健康教育的有机结合探析[J].现代职业教育，2022（12）：25—27.

[35] 周勇.基于树人理念的大学体育体教融合教学创新与实践[J].柳州职业技术学院学报，2022，22（4）：119—123.

[36] 朱岩，庄巍，陈斌.新时期大学体育混合式教学的机理分析[J].体育师友，2022，45（4）：12—15.

了，就是一堂好课，没有了解学习的实际效果。这就成了只看表面、不看效果，课堂教学成了形式主义，而没有实际效果。

4. 只重视教师的展示，不重视学生的自主探索

评课时对教师的角色比较看重，认为教师只要自身展示得好，讲得头头是道，引导得当，就是一个好教师，就是一堂好课。而新课程标准完全转换了教师的角色，教师的主导作用不仅仅是组织课堂教学，更主要是让学生学会学习，进行自主探究，通过学生自己的感悟深入理解，教师只是以平等的身份参与课堂学习，是平等中的首席。

5. 只重结论，不重过程

只重结论，不重过程，这是传统教育的显著特点。评课者只关心这节课学生掌握了多少知识，而没有重视这些知识是“死记”得来的还是“活学”得来的，是听来的还是学来的。新课程标准所重视的刚好就是学习的过程，而不再过于重视学习的结果。

6. 只重视学生自主，不重视教师传授

在新课程标准强调学生自主、合作、探究、创新学习的前提下，教师非常重视对学生以上精神的培养，却忽视了对知识的传授。评价者也同样产生这样的倾向，只看学生懂得了多少，抛弃了教师“教”的环节，从而使得评价不全面。这是从一个极端走向了另一个极端。

7. 只重视教学手段，不重视教学过程

现在，信息技术发展迅速，学校的电教设备越来越完备，这就为课堂教学提供了良好的条件。毋庸置疑，多媒体可以增大课堂容量，增强形象直观性，提高学生的学习兴趣，收到意想不到的效果。但是，在评课过程中，却出现了不用多媒体就不是好课，就不能获奖的现象，把教学手段和教学过程的作用弄颠倒了。

总之，课堂的评价直接影响新课程改革的进程，只有全面、客观、公正地评价课堂教学，才能保护教师的课程改革积极性，正确引导课程改革走向深入。

（二）化学新课程对教师教学的要求和评价策略

课程改革的核心环节是课程实施，而课程实施的基本途径是教学，如果教学观念不更新，教学方式不转变，课程改革就将流于形式，事倍功半甚至劳而无功。课程、教材改革是素质教育的突破口，而课堂教学改革将是一场更持久、更复杂的攻坚战。教师教学评价改革中最重要的问题是，对教师教学工作进行评价的重点、内容和标准的制定必须有利于教学观念和教学方式的转变，这样才有可能保证学生学习方式的转变，从而落实课程标准的目标和要求。

对教师教学工作进行评价的基本要求是：以课程改革纲要和新的课程标准为基准，有

利于促进学生科学素养的全面发展，有利于发挥教师教学工作的主动性、积极性和创造性，有利于教师实现教学观念和教师教学方式的转变，有利于教师角色的积极转变，有利于良好的校园文化的建设，有利于教师反思意识和专业能力的发展。对教师教学工作进行评价的重点和内容包括以下方面。

1. 教师的教育教学观念

教师拥有怎样的课程观、学生观、评价观对于教师开展教学工作非常重要。最重要的是教师是否愿意接受新鲜事物，是否愿意并善于进行自我反思、不断调整和自我发展。

2. 教师的教学基本功

新课程对教师的教学基本功的要求不是降低了，而是更高了。例如：教师的语言、表达能力如何，教师的板书、书写技能如何，教师能否清楚流畅和重点突出地表达自己的观点，教师是否善于发现、概括别人的观点，教师的演示和实验技能如何，等等。

3. 教师课堂教学的策略水平

是否善于提出驱动性问题，引发和组织讨论？是否善于处理课堂中出现的突发事件？是否善于调动全体学生积极参与、控制和减少课堂中的无关行为？是否善于引导学生或驱动学生自己提出问题、形成假设、制订计划、实施实验、收集处理有关数据资料、概括得出结论、进行合理的解释推论？是否善于在学生进行学习活动的过程中适时地对学生的学习行为进行适当、有效的评价和指导？是否能够运用合理有效的手段和策略揭示和了解学生已有的认识和观点？是否能够运用有利的事件事实、问题情境、实验证据、模型推理等方法策略使学生现有认识和观点发生积极的转变和发展。

对教师课堂教学的评价应该更注重上述各方面，而不是教师是否按时完成规定的教学任务；更加关注学生在课堂中的感受和收获了多少、发展和变化有多少，而不是教师讲了多少、做了多少。

可以通过了解学生在课堂上主动提出问题的次数和质量如何，学生分组讨论和实验活动时是否积极、有序，课堂上所研究的问题是否有价值，问题是由学生自己提出的还是由教师提出的，是否鼓励学生自己针对问题发表观点和认识，学生有无针对问题的答案提出自己的假设，课堂上所学习的内容是否与课程标准相关，教学是否体现课程标准的要求等各个方面来对教师课堂教学进行评价。

除此之外，还应该评价教师为课堂教学做了哪些准备，为了克服教学中的困难做了哪些努力，为学生做了哪些辅导和服务，选择了哪些有意义的课程资源，教师是如何处理课程标准、教材、课程资源与课时之间的关系的，等等。

（三）化学课堂教学评价应遵循的原则

高中化学新课程的实施，迫切需要与之配套的教师化学课堂教学效果评价方法。新课程理念下教师化学课堂教学效果评价要以新课程理念和现代教育评价理论为基础，要以促进教师的专业化发展为目的，构建一套完整的教师化学课堂教学效果评价方案，并付诸实践。

评价原则是构建和实施评价总的要求，反映了评价的指导思想，即人们期望评价处于何种状态、达到怎样的效果。所以评价原则是评价方案和评价实施过程的灵魂。综合新课程理念下教师化学课堂教学效果评价观和现代教育评价理论，对评价方案的构建和实施提出以下原则。

1. 评价功能的发展性原则

评价功能是评价方案各要素按一定结构组合后所具有的工作能力。新课程理念下教师化学课堂教学效果评价要具有促进教师发展的功能。也就是说：一是要促进化学教师对自己教学行为的分析与反思，促进其对新课程理念有更深、更透彻的理解，能进一步落实到位，课堂教学的策略水平获得提高，从而最终促进学生的发展；二是通过评价的实施，使化学教师热爱化学教学事业的情感获得发展，把化学教学作为自己人生价值获得实现的途径，让自己的个性在其中获得展示和凸显。

2. 评价方式的多样化原则

评价方式是人们说话、做事所采取的方法和形式。化学课堂教学的评价方式就是指在对化学课堂教学进行评价时所采取的方法和形式。人们通常将评价方法分为定量评价和定性评价两种；将课堂教学评价的形式按评价的主体来划分，分为他人评价、教师自我评价和学生评价三种。

化学课堂教学是一种复杂的教育现象。单纯地将其中的各种变化因素简化为数字，通过分析比较数字大小来评价其优劣——定量评价，或单纯地通过观察、调查、描述课堂中的现象来评价其对课程目标的实现程度——定性评价，都难以准确反映课堂教学的实际状况和运行水平。所以新课程理念下教师化学课堂教学效果评价应坚持评价方式多样化的原则，要采用以定性评价统领，与定量评价相结合，以教师自评为主，包含他人评价、学生评价在内的灵活多样的形式。

3. 评价内容的全面性原则

以往的教师化学课堂教学效果评价往往只以学生的考试成绩为评价内容，或只以教师在课堂上展现的教的情况为评价内容。这些信息显然不是化学课堂教学的全部，其评价的结果也必然不够客观和真实。

新课程理念下的教师化学课堂教学效果评价应全面收集化学课堂教学的各种信息，既要包括学生学的状态、在学习中的情感和体验、对教师教的意见、学习收获，还要关注教师教的情况，考虑教师在教学过程中的感受和体会，等等。只有评价内容全面，才可能保证评价结果客观，从而保证评价功能有效发挥。

4. 以学论教的原则

任何评价活动都是有目标导向的，化学课堂教学评价也不例外，其目标是促进学生和教师两个方面都有发展。化学课堂教学活动的目的是促进学生的全面发展，教师专业水平发展的标志应是获得较高的促进学生发展的教学专业水平。因此，新课程理念下的教师化学课堂教学效果评价标准应着眼于学生，应坚持“以学论教”的原则，即以学生情绪状态、交往状态、思维状态、目标达成状态来评价教师的教学效果。

同时需要指出，以学论教并不是以“评学”代替“评教”。评学与评教不同，评学代替不了评教。首先，二者的直接目的不同，评学是为了促进学生的全面发展，而评教是为了促进教师的发展。其次，评价的范围不同，评学一般只关注学生，不把教师列为评价对象，而评教则既要着眼于学生是否获得了应有的发展，又要着眼于教师从教学目标确定到教学设计以及教学实施过程的各个方面所表现出的素质和水平。再次，评学与评教都关注学生，但关注的侧重点不同。评学既要评价学生的总体学习状况、学习成果，更关注每一个学生个体的学习成效，而评教虽然也关注学生个体是否获得了发展，但是更多的是从学生群体的状态来评价教师的教学状况。最后，学生在课堂上的状态、学习成效虽然与教师有着直接关系，但是并不是完全取决于教师。所以，评教不等于评学，不能以评学代替评教。但评教与评学又是相互联系的，评教以评学为基础，二者有共同的涵盖区域，而且它们的最终目的又是相同的，那就是提高学生的科学素养。这是我们在“以学论教”时应特别要注意和把握的。

二、化学课堂教学评价的基本要素

新课程以发展性教育为基本理念，从发展性教育的角度出发，好的课堂教学的基本特征至少应包括以下几个方面。

（一）教学目标：以促进学生的发展为根本宗旨

以往，人们主要把教学目标定位在对知识特别是教材内容的掌握上，对教材以外的目标考虑较少。当前，在现代教学思想的指导下，课堂教学目标的确立越来越强调要以促进学生的发展为根本宗旨，从“知识与技能”“过程与方法”和“情感态度与价值观”三个维度来确立。除了要求在课堂教学中对学科基础知识、基本技能及基本学习能力和相应的思想品德等基础目标，即德、知、能目标的定位要科学、明确、切合实际外，还需要重视学生主体性发展目标和体验性目标的实现，即在课堂教学中应注意发展学生的自主性、主动性和创造性，并通过教师与学生间的情感交流形成民主和谐的课堂教学心理气氛，让各层次的学生都能获得创造或成功的心理体验，感受到课堂生活的乐趣和愉说；同时，教学重难点确定要合情合理、把握良好。

（二）教学过程：应做到“生动、主动、互动”

1. 生动

这是对教师在教学过程中对教学内容、教学方法、教学策略的选择以及教学能力表现的总体要求。可大体分为：

第一，教学设计：科学合理、独特新颖、详略得当；

第二，情境创设：联系实际、适时恰当、启迪思维；

第三，过程调控：因势利导、随机应变、环节紧凑；

第四，方法应用：切合实际、激发兴趣、媒体得当。

也就是说，教师要正确理解并根据学生的实际发展水平和特点创造性地使用教材，合理确定重点和难点，精选具有基础性、范例性和综合性的学科知识，让学生掌握扎实的基础知识和学科基本结构。同时，教学内容应充实并反映现代科学技术和学术研究的新成果。

教学内容应具有挑战性，能激发学生的学习兴趣和求知欲望，能引导学生积极思考，能吸引学生主动参与；重视教学内容的文化内涵，体现科学性、人文性和社会性的融合；关注教学内容的实践性，密切联系社会实际和学生生活实际，通过多种形式的教学实践活动，使理论与实际相结合，培养学生的动手实践能力和分析、解决实际问题的能力。

教师要较好地对课堂教学进行组织、管理和监控，根据课堂上不同的情况调节课堂教学节奏；教学容量适当，教学结构清楚，时间安排合理，应变能力强；现代教学技术手段、演示实验以及教具的运用要适时适度且操作规范熟练；教学语言要规范、精练、简明、生动；板书、板画设计要合理、字体规范。

2. 主动

这是对学生在教学过程中的情绪状态、参与方式、参与品质、参与效果等主体性表现的总体要求，可大体分为：

第一，情绪状态：情绪饱满、状态良好、兴趣浓厚；

第二，参与方式：积极主动、方式多样、配合默契；

第三，参与品质：能思善问、善于动手、能够交流；

第四，参与效果：体验过程、掌握方法、提高能力；

第五，活动时空：分配合理、参与面广、活动率高。

现代课堂教学是学生在内部和外部活动的基础上，主动用现有的知识结构去同化或顺应外部世界的过程，是学生自己建构知识意义的过程。通过学生积极主动地参与课堂教学活动，形成独立获取知识、创造性地运用知识解决现实问题的能力及良好的个性和人格。

好的课堂教学，学生必将情绪饱满、兴趣浓厚、学习主动；有主动参与的时间和空间，有自我表现的机会和学习的主动权；能通过自我选择、自我监控、自我调节，逐步形成自我学习的能力；能在原有的基础上、不同起点上获得最优发展，形成自己的特色和鲜明个性，而不是按统一模式“填平补齐”；能经常体验到学习和创造的乐趣，创新意识和创新精神得到培养，形成独特的创造力。

3. 互动

互动是对课堂教学信息交流的总体要求，大体可分为：

第一，师生交流：教学互动、平等参与、善于沟通；

第二，同学交流：体现合作、气氛热烈、机会均等。

体现现代教学思想的课堂教学非常关注课堂中体现出来的群体间人际关系和交往活动，并积极建立群体间的合作学习关系。其教学组织形式是集体教学与小组合作学习相结合，教师在“权威、顾问、同伴”三重角色的选择中，学生在竞争与合作两种关系的处理中，形成良性发展的和谐关系。这种关系是一种相互接纳、相互理解的合作、民主、平等、和谐的人际关系。好的课堂教学是师生共同建构学习主体的过程，它通过多样、丰富的交往形式，有意识地培养学生学会倾听、交流、协作、分享的合作意识和交往技能，并让学生在实质性的讨论中真正地交流想法、丰富见解。

（三）教学效果：使学生获得发展

教学效果是指通过有效的课堂教学使学生获得发展。首先，发展就其内涵而言，指的是知识与技能、过程与方法和情感态度与价值观三者（三维目标）的协调发展。具体表现在：学生在认知上，从不懂到懂，从少知到多知，从不会到会；在情感上，从不喜欢到喜欢，从不热爱到热爱，从不感兴趣到感兴趣。对于课堂教学的有效性特征（或表现）可以列举很多，但简而言之是学生愿意学、主动学、轻松学并且学得好。

有效的课堂教学才能有好的教学效果。有效的课堂教学是指教师遵循教学活动的客观规律，以尽可能少的时间、精力和物力投入，取得尽可能多的教学效果，从而实现特定的教学目标，满足社会和个人的教育价值需求而组织实施的课堂教学活动。课堂教学活动的有效性正是在教学效果中体现出来的教师和学生共同活动引起学生身心素质变化并使之符合预定目标的特性。

什么是有效教学？一般认为，经过一堂课或者一个阶段的教学，对于化学学科，学生能够保持持续的学习兴趣，并取得明显的学习收获，同时在学习过程中，创新意识和实践能力有了明显的提高，这就是课堂教学有效性的基本内涵。而“兴趣”和“收获”，就是衡量高中化学课堂教学效益的两个主要依据。

1. 学生有兴趣是课堂教学有效性的前提

兴趣是驱使学生去学好功课的内在动力。现代心理学认为，青少年心智发展的根本原因是一种内在的认知需要。学生在学习过程中不断碰到新的问题，就产生了探究的求知欲望，从而激发出学生学习的积极性。

2. 学生有收获是课堂教学有效性的体现

课堂学习必然要讲求收获和回报。因此，学习收获作为衡量课堂教学有效性的重要依据，必须在课堂教学之中具有明显的体现。其具体内容有以下两方面。

（1）学科知识的收获，可以称为知识有效

化学是一门知识点多又散的学科，如何让学生在有效的时间内有所收获，这是我们教师必须思考的问题每节课都要让学生有所收获。

（2）创新实践能力的提高，可以称为能力培养有效

从教学功能上看，化学教学更加重视培养学生分析问题、解决问题的能力，引导他们运用分析、推理、概括等方法来认识问题的实质、掌握规律，完成从感性认识到理性认识的飞跃，在这个过程中培养学生的创新思维和创新能力。

那么如何在教学中培养学生创新思维？通常认为实验设计最有利于创新思维的培养，可以使学生的潜能得到挖掘。比如，化学习题中常常涉及一些与实验相关的内容，用书面的方式解决，思维有一定的局限性，如果放手让学生通过设计实验来解决，有意识地为他们创设一种良好的探究情境，则有利于培养其思维的发散性，培养他们动手动脑的能力。

课堂教学是在固定时间、固定地点内，针对固定学生进行的，有效教学不仅要看教学目标的达成度，做到“有效果”，还要“讲效率”，不能“投入多、产出少”，更要“讲效益”，我们的教学不能只面对少数学优生，应尽最大可能不使一个学生掉队。只有这样才是真正有效的教学。

分析成因，主要是教学方法仍以讲授为主，单调枯燥、缺乏情感，教学过程中多灌输验证、少启发探讨，多指责压抑、少宽容引导，多包办限制、少激励创新，尤其是对学生的学法指导是空泛、低质、缺乏策略的。所有这些都造成了学生无自主学习的意识，学习习惯差，学习能力不强，学习质量自然不高。学生最终获得的化学知识具有很强的记忆性色彩，在多变的真实情境中，常常不能有效迁移、灵活应用，就像上面提到的“举三无法反一”。因此长期以来，教师教得无味，学生学得无趣，教学效率低下，于是只能兴“加时之风”，靠“补课之功”，搞“题海战术”，行“死记之道”，教师教得辛苦，学生学得痛苦。有鉴于此，开展有效课堂教学的研究是新课程改革赋予教师的第一要务。

影响教学有效性的因素是多方面的，社会的进步、校园的环境、家庭的生活状况等很多方面的影响都不可忽视，有效教学的研究必须与时代发展同步；而教师的教学观和教学技能、学生的学习态度与方法、教学资源及利用的影响更为直接，这些是一线教师关注的重点。

总之，有效教学主要是指通过教师在一段时间的教学之后，学生获得的具体进步或发展。教学是否有效，并不是指教师有没有完成教学内容或教学是否认真，而是指学生有没有学到什么或学生学得好不好。如果学生不想学或学了没有收获，即使教师教得很辛苦也是无效的教学；同样，如果学生学得很辛苦，但没有得到应有的发展，也是无效或低效的教学。可见，有效教学是符合新课程的基本理念的——促进学生发展。课堂教学的有效性是教师的永远追求，教师要在新课程的理念指导下，以学生发展为本，吸取传统教学的成

功做法，转变教学模式，讲究方法策略，精心设计，用心调控教学过程，精讲导学、巧问诱思，把主动权交给学生，就会发现学生比预想的聪明多了，课堂也会变得活力四射。

三、化学课堂教学评价标准

制定新课程课堂教学评价的标准可从下列几个方面来考虑。

（一）优质的课堂教学目标：基础性目标与发展性目标的协调与统一

基础性目标是按照新课程标准、教学内容的科学体系进行有序地教学，完成知识、技能的教学。发展性目标包括以培养学生学习能力为重点的学习素质和以情感为重点的良好社会素质。课堂教学目标就是把知识、技能教学与能力、情感教学有机地结合起来。

这里强调的是，课堂教学的各项目标都应该既有与认识活动相关的内容与价值，又有与其相对独立的内容与价值。这些方面的综合，才构成学生学习的整体发展。当然，这不是一两节课能完成的，但却必须通过每节课来实现，它渗透在课堂教学的全过程。因此，在确立课堂教学目标时，要注意两个方面的关系与整合：一方面是知识体系的内在联系与多重关系，以求整合效应；另一方面是学生学习活动诸多方面的内在联系、相互协调和整体发展。只有这样，课堂教学中完整的教育才能成为可能。

（二）科学的课堂教学过程：激励性、自主性和探究性课堂教学策略的有机统一

新课程教学策略研究主要解决学生学习的三个方面问题：一是学生“爱学”，即学习的能动性；二是“会学”，即学习的自主性；三是“善学”，即学习的创造性。由此推出课堂教学策略的三个体系：激励性教学策略体系；自主性教学策略体系；探究性教学策略体系。

1. 激励性教学策略体系

让学生明确学习的重要价值。布鲁纳（J.S.Bruner，美）说：“要使学生对一个学科有兴趣的最好办法，是使他感到这个学科值得学习。”教师通过精心设计教学过程，优化导入设计，适当补充与学生生活相关联的教学材料，激发学生的学习兴趣。

正确运用肯定和奖励的评价方法。奖励具有促进的力量，让学生发现自己在学习上的进步，不断获得学习预期的满足。采取适当的竞争方法，适度的竞争有助于激发学生学习的热情。

建立互尊互爱、民主平等的师生关系。学校是满足学生需要的最主要场所，学生到学校里学习和生活，主要的需要是自尊和归属。因此，要真诚地爱每一个学生，真正满足主体的最大需要，激发他们主动学习的强烈愿望。

2. 自主性教学策略体系

问题设计最优化。教师需要注意典型问题的设计、分析和解决，为学生自主的发展提供时间和空间。

学习形式多样化。教师要努力提供丰富多样的教育资源，充分运用现代信息技术及其他种种技术、组织手段，让学生有可能利用各种学习方式，通过多种感知途径，在集体与个别学习中，在思辨、操作、争论和探究的过程中实现自主学习。

在教学中注重学法指导。教师的教应当着眼于学生的学。整个教学过程其实是一个“从教到学”的转化过程。在这个过程中，教师应当千方百计地创造条件，注重对学生的学法指导，传授学法，使学生能“自为研索，自求解决”。

指导学生学会自由学习。自由学习即冲破教育框架的束缚，在开放的环境中，自主地选择学习目标、学习内容和学习方式。我们的教学不能限于仅有的几本教材，要鼓励学生广泛涉猎、拓宽视野，学会搜集所需的信息，摒除各种错误信息，形成良好的自学习惯。

指导学生学会自我评价。人对事物的看法是由自己来调节的，学生要学会学习，必须学会自我评价，学会自我调节和监控。通过对学习过程、方法和效果的分析，掌握学习策略，运用学习策略主动地规划自己的学习任务、确定发展方向、选择学习方法。

3. 探究性教学策略体系

指导学生大胆质疑，给学生发现问题、解决问题的机会，并以学生的问题作为教学的出发点。

引导学生对教学内容进行评议。鼓励学生发表不同意见和独创性的见解，这是培养学生探究能力和创新精神必要的也是重要的方法。组织学生进行研究性学习。研究性学习要求学生经常接触研究性质的作业，设计专题性课题，让学生在搜集信息、处理信息和研究信息中发现真理、发展认知，提高研究能力。

（三）理想的课堂教学效果：情绪状态、交往状态、目标达成状态的和谐统一

“以学论教”是现代课堂教学评价的指导思想。这里的“学”，一是指学生能否学得轻松、学得自主，主要包括课堂教学的情绪状态、交往状态；二是指学生会不会学，主要是指课堂教学的思维状态、目标达成状态。这里的“论教”，主要是从课堂教学的四大状态（情绪状态、交往状态、思维状态、目标达成状态）来评价课堂教学效果。没有情绪状态、交往状态，容易形成课堂教学中的“泡沫现象”“表面繁荣”。只有达到四大状态和谐统一，才有可能产生理想的课堂教学效果。

新的课程评价理念要求在进行课堂教学评价时，一定要本着为师生发展服务的原则，既要关注教师的自身发展，同时还要对课堂教学做出较为准确的评价，才可能不断提高教

师的教学水平，使教学改革沿着正确的方向发展。

好的课堂教学必须体现以主体教育思想为核心，符合学生终身学习与发展要求的现代教学观（包括现代教学的课程观、知识观、学生观和质量观）。

参考文献

[1] 张燕萍 . 高中课堂教学设计汇编有机化学基础篇 [M]. 北京：北京邮电大学出版社，2017.

[2] 陈寅 . 新高考新思路辅导与训练化学高中二年级第 1 学期 [M]. 上海：上海科学技术出版社，2017.

[3] 闫传学 . 高中化学导学案 [M]. 北京：光明日报出版社，2017.

[4] 龚胜强 . 高中化学类题 [M]. 南京：南京师范大学出版社，2017.

[5] 甘曜玮 . 漫画教材高中化学 [M]. 昆明：云南科技出版社，2017.

[6] 王立男 . 高中化学知识详解 [M]. 沈阳：辽宁教育出版社，2017.

[7] 马红霞 . 高中化学课时练 [M]. 乌鲁木齐：新疆生产建设兵团出版社，2017.

[8] 黄咏梅 . 初高中化学衔接教材 [M]. 重庆：西南师范大学出版社，2018.

[9] 倪国君 . 微课实录丛书高中化学卷 [M]. 宁波：宁波出版社，2018.

[10] 藏永德 . 育才学案高中化学选修 3 人教版 [M]. 银川：宁夏人民教育出版社，2018.

[11] 高英华.基于学科核心素养的高中化学单元复习研究[M].济南：山东大学出版社，2018.

[12] 李贵顺 . 任务驱动教学法在高中化学教学中的应用研究 [M]. 青岛：中国海洋大学出版社，2018.

[13] 牟霞 . 以核心问题为中介的中学学科课程开发与实施：高中化学（平衡体系）[M]. 成都：电子科技大学出版社，2018.

[14] 陈寅 . 新高考新思路辅导与训练化学高中一年级第二学期 [M]. 上海：上海科技教育出版社，2018.

[15] 刘凯钊 . 基于素养培养的高中化学命题研究 [M]. 长春：东北师范大学出版社，2019.

[16] 陈学敏 . 高中化学优质课堂情境创设的研究 [M]. 长春：延边大学出版社，2019.

[17] 赵刚，袁红娟，陆海峰 . 高中化学课堂教学与体系构建 [M]. 长春：吉林人民出版社，2019.

[18] 王素芬 . 高中化学核心素养教育与探讨 [M]. 长春：吉林人民出版社，2019.

[19] 蒋红梅，牛洪英，张美画 . 近代化学实验高中化学实验教学探索 [M]. 合肥：合肥工业大学出版社，2019.

[20] 高广东 . 高中化学教学中的有效教学理念探析 [M]. 长春：吉林人民出版社，2019.

[21] 沈旭东 . 社会责任素养视角下的高中化学教学新论 [M]. 杭州：浙江工商大学出版社，2019.

[22] 杜涉贤 . 普通高中化学课程标准解读中学化学真实情境研究与案例 2017 版 [M]. 上海：上海教育出版社，2019.

[23] 杨述申 . 高中化学知识考点 [M]. 哈尔滨：黑龙江少年儿童出版社，2019.

[24] 郑光黔 . 高中化学教学方法与实践 [M]. 长春：吉林人民出版社，2020.

[25] 牛胜玉 . 图解速记高中化学 [M]. 西安：陕西师范大学出版总社有限公司，2020.

[26] 侯典军 . 高中化学读本 [M]. 武汉：湖北人民出版社，2020.

[27] 作业帮 . 高中化学反应原理 [M]. 西安：西安出版社，2020.

[28] 李迎春 . 高中化学实验突破 [M]. 济南：山东美术出版社，2020.

[29] 乔儒 . 高中化学教学设计指导 [M]. 杭州：浙江大学出版社，2021.

[30] 张军 . 初高中化学衔接教学研究 [M]. 成都：四川大学出版社，2021.

[31] 薛金星 . 基础知识手册高中化学 2021 版 [M]. 北京：现代教育出版社，2021.

[32] 张世勇，李勋 . 新课程高中化学试题解析与研究 [M]. 北京：中国石化出版社，2021.

[33] 沈从文 . 高中化学培优助学讲义上下 [M]. 北京：人民文学出版社，2021.